RECETAS SABROSAS

Wok
y salteados

Siân Davies

Copyright © Parragon 1999
Queen Street House
4 Queen Street
Bath BA1 1HE, RU

Todos los derechos reservados. Ninguna parte de esta obra puede ser reproducida, almacenada o transmitida de forma o medio alguno, sea éste electrónico, mecánico, por fotocopia, grabación o cualquier otro, sin la previa autorización escrita por parte de la editorial.

Copyright © 2003 de la edición española:
Parragon
Traducción del inglés: Montserrat Ribas
para Equipo de Edición, S.L., Barcelona
Redacción y maquetación:
Equipo de Edición, S.L., Barcelona

Impreso en China

ISBN: 1-40541-459-6

Nota
Una cucharada equivale a 15 ml. Si no se indica otra cosa,
la leche será entera, los huevos, de tamaño medio (nº 3),
y la pimienta, pimienta negra molida.

Las recetas que llevan huevo crudo o muy poco cocido
no son indicadas para los niños muy pequeños,
los ancianos, las mujeres embarazadas, las personas
convalecientes y cualquiera que sufra alguna enfermedad.

Sumario

Introducción 4

Sopas y entrantes 6

Carnes rojas y blancas 46

Pescado y marisco 124

Platos vegetarianos 168

Arroz y fideos 214

Índice 256

Introducción

El wok es un elemento imprescindible en la cocina oriental. Si tiene uno en casa, es probable que ya se haya dado cuenta de todas las ventajas que ofrece. Y si no lo tiene, no dude en comprarlo: merece la pena en cualquier caso, pero en especial para obtener mejores resultados que en una sartén al preparar las deliciosas recetas de este libro.

Básicamente, un wok es un utensilio de cocina curvado, no demasiado hondo, en forma de bol, de metal y que tiene o bien un mango de madera o un asa a cada lado. Se fabrican en muchos tamaños, pero el más adecuado para una familia es el de 30 o 35 cm de diámetro. Puede ser de acero inoxidable, de hierro fundido o de cobre. El de hierro es la mejor opción, ya que conserva más el calor, especialmente cuando se ha utilizado ya varias veces. El wok ofrece numerosas ventajas respecto a la sartén. Su forma convexa facilita que los alimentos se puedan agitar y remover por toda la superficie, lo que implica que la cocción sea mucho más rápida. Si hace falta, se puede inclinar o rotar el wok para que el calor se reparta de modo uniforme.

Su forma redonda permite que el calor ascienda, y que todo el wok se convierta en una superficie de cocción. Por eso ahorra gas y resulta perfecto para elaborar platos rápidos y salteados. Además es fácil de limpiar, pues no tiene esquinas ni rebordes.

UTENSILIOS NECESARIOS

Para optimizar la utilización del wok, conviene disponer de algunos utensilios especiales. Uno de los más importantes para los cocineros occidentales es el anillo. Se trata de una corona metálica que se aplica a los fogones y que permite colocar el wok encima sin que se vuelque. Cuando el wok se asienta sobre el anillo, el calor se distribuye uniformemente. Una espátula curvada con mango largo es útil para remover los alimentos, ya que su canto se adapta a la forma redonda del wok. Procure comprar una con mango de madera, para no quemarse la mano.

El wok se utiliza principalmente para saltear, pero también sirve para freír y cocer al vapor. Una espumadera o cestita de alambre resulta útil para extraer los alimentos del aceite de freír, y el soporte especial para cocer al vapor convierte un wok en una vaporera.

Por supuesto, una tapa es esencial para elaborar según qué plato; debe tener una forma abombada y ajustarse bien al borde del wok, para que los sabores no se pierdan, en particular durante la cocción al vapor. Muchos woks se venden ya con todos estos utensilios auxiliares, que resultan necesarios para sacarle el máximo partido.

UTILIZACIÓN DEL WOK

Antes de utilizar el wok es imprescindible prepararlo, como se haría también con cualquier otro tipo de sartén o cazuela. Frote el wok por dentro y por fuera con papel de cocina impregnado en aceite y caliéntelo bien, ya sea al fuego o en el horno. Retírelo del fuego, deje que se enfríe y repita el proceso varias veces, para proporcionarle un buen recubrimiento: así resultará más fácil de lavar y se convertirá en antiadherente. Después de la preparación previa, el wok se puede lavar con agua y detergente, pero si es de hierro habrá que secarlo inmediatamente, para evitar que se oxide. En general, el wok se limpia pasándole sólo un papel de cocina, y se deja que se ennegrezca con el uso. Se dice que cuanto más negro está el wok, mejor es el cocinero, pues más lo utiliza.

EL SALTEADO

El wok se utiliza principalmente para saltear, un método de cocción de origen chino y que sigue siendo el más utilizado en esta cocina. Después, se extendió por toda el Asia oriental. En China lo llaman *ch'au*, lo que significa que uno o varios ingredientes se cortan en trocitos y se cuecen de manera uniforme con una o dos cucharadas de grasa. Los alimentos se remueven con largos palillos de bambú o con una espátula, y se les añaden condimentos y salsas.

El salteado suele constar de varias etapas: los alimentos que precisan una cocción más prolongada se pueden saltear y retirar del wok, para después devolverlos a él en una etapa posterior, y también para no mezclar el sabor de algunos alimentos. Al final de la cocción, siempre se juntan todos los ingredientes y se sirven en un solo plato. Para saltear se suele utilizar aceite de cacahuete o de maíz, pero en ocasiones, para algunas recetas concretas, también se recurre a la manteca de pollo o de cerdo.

A continuación se describen los diferentes tipos de salteado:

Liu: consiste en saltear con líquido, removiendo y agitando los alimentos con suavidad. Al final de la cocción, se añade una mezcla de harina de maíz, caldo azúcar, vinagre y salsa de soja. Así se forma una deliciosa salsa que impregna los alimentos.

Pao: significa "explosión", y se trata de un salteado a temperatura muy elevada. Es un método de cocción muy breve y directo, que no suele durar más de un minuto. Este sistema se suele aplicar a alimentos que han sido macerados previamente, para acentuar su sabor y hacerlos más tiernos.

EL WOK EN LAS DISTINTAS COCINAS

En todo el Lejano Oriente se utiliza el wok, que adquiere distintos nombres, para muchos platos. En la India el tipo de wok utilizado es el *karahi* o *kadhai*, que normalmente descansa sobre un agujero practicado en un horno de tierra o de ladrillo. Este recipiente se utiliza para brasear y freír; el nombre del picante curry llamado *karahi* deriva de este utensilio. En Indonesia, el wok se llama *wajan* y se utiliza sobre un fuego de leña o carbón para preparar curries, platos de arroz y salteados rápidos, igual que en Japón, Tailandia, Singapur y Malasia; todas estas cocinas están influidas por la china. Incluso en Mongolia existe una barbacoa muy parecida a un wok: se trata de un utensilio de hierro y de forma convexa.

En resumen, los salteados en wok son originarios de la cocina de Asia y del Lejano Oriente, en la que resultan esenciales. Algunas de sus ventajas es que son rápidos, ligeros, saludables y extremadamente versátiles. Las siguientes recetas invitan a efectuar un mágico viaje por el Lejano Oriente, a lo largo de sopas y primeros platos, carnes rojas y blancas, fabulosas recetas de pescado, platos vegetarianos y, por supuesto, arroz y fideos, que son alimentos básicos en estos países. Por lo tanto, prepare el wok y dispóngase a disfrutar del festín de sabores que se abre ante usted.

Sopas y entrantes

La sopa es indispensable en una mesa asiática, sobre todo en China, Japón, Corea y el sudeste asiático. La sopa de pollo, por ejemplo, a veces se sirve en China, Malasia y Tailandia ¡en el desayuno! Pero por lo general se toma a media comida, para preparar el paladar ante el plato siguiente; nunca se sirve al principio. Existen muchos tipos de deliciosas sopas, claras y espesas, y las sopas ligeras que se sirven con wonton, unas pequeñas empanadillas.

Los entrantes o tentempiés suelen ser alimentos secos, como los rollitos de primavera, que existen en muchas formas y versiones en todo el Lejano Oriente. En sus países de origen se sirven como tentempié, pero en los restaurantes occidentalizados forman parte del apartado de entrantes en los menús.

Este capítulo contiene deliciosas recetas para sopas y entrantes, todas perfectas para empezar una comida estimulando el apetito.

Sopa picante de pollo con fideos

Para 4 personas

INGREDIENTES

- 2 cucharadas de pulpa de tamarindo
- 4 guindillas rojas tailandesas, picadas finas
- 2 dientes de ajo chafados
- 1 trozo de 2,5 cm de jengibre tailandés, pelado y picado fino
- 4 cucharadas de salsa de pescado
- 2 cucharadas de azúcar de palma o lustre
- 8 hojas de lima troceadas
- 1,2 litros de caldo de pollo
- 350 g de pechuga de pollo deshuesada
- 100 g de zanahorias en rodajitas
- 350 g de boniatos, en dados
- 100 g de mazorquitas de maíz partidas por la mitad a lo largo
- 3 cucharadas de cilantro fresco, picado grueso
- 100 g de tomates cereza partidos por la mitad
- 150 g de fideos planos de arroz
- cilantro picado, para adornar

1 Ponga la pulpa de tamarindo, la guindilla, el ajo, el jengibre tailandés, la salsa de pescado, el azúcar, las hojas de lima y el caldo de pollo en un wok grande, caliéntelo y llévelo a ebullición, sin dejar de remover. Reduzca la temperatura y cuézalo durante 5 minutos.

2 Con un cuchillo afilado, corte el pollo en lonchas finas. Incorpórelo al wok y cueza otros 5 minutos, removiendo bien.

3 Baje la temperatura, añada la zanahoria, el boniato y las mazorquitas y cuézalo a fuego lento, sin cubrir, durante unos 5 minutos o hasta que las verduras estén tiernas y el pollo, totalmente cocido.

4 Agregue el cilantro, los tomates cereza y los fideos. Cueza la sopa a fuego suave otros 5 minutos o hasta que los fideos estén al punto. Adórnela y sírvala caliente.

SUGERENCIA

La pulpa de tamarindo se obtiene de la vaina del árbol del tamarindo. Aporta un color marrón y un toque ácido a sopas y salsas. Si no la encuentra, diluya un poco de melaza con zumo de lima.

Sopas y entrantes

Sopa de fideos con maíz y cangrejo

Para 4 personas

INGREDIENTES

1 cucharada de aceite de girasol	150 g de maíz de lata o congelado	2 latas de 200 g de carne blanca de cangrejo
1 cucharadita de mezcla china de cinco especias	75 g de guisantes	175 g de fideos al huevo
225 g de zanahorias cortadas en juliana	6 tallos de cebolleta cortados en rodajas	1,7 litros de caldo de pescado
	1 guindilla roja, sin semillas y cortada en rodajitas finas	3 cucharadas de salsa de soja

1 Caliente un wok, y luego vierta y caliente el aceite.

2 Saltee la mezcla de cinco especias, la zanahoria, el maíz, los guisantes, la cebolleta y la guindilla, unos 5 minutos.

3 Incorpore la carne de cangrejo y saltéelo todo junto durante 1 minuto.

4 Rompa los fideos y póngalos en el wok.

5 Vierta el caldo y la salsa de soja en el wok, llévelo a ebullición, cúbralo y cuézalo a fuego lento unos 5 minutos.

6 En cuanto esté lista, sirva la sopa en boles calientes.

SUGERENCIA

La mezcla china de cinco especias incluye anís estrellado, hinojo, clavo, canela y pimienta de Sichuan.

SUGERENCIA

Los fideos finos son más adecuados para esta receta que los gruesos.

Sopas y entrantes

Sopa tailandesa picante con gambas

Para 4 personas

INGREDIENTES

1,2 litros de caldo de pescado	4 cucharadas de salsa de pescado	100 g de mazorquitas de maíz
2 cucharadas de pulpa de tamarindo	2 cucharadas de azúcar de palma o lustre	partidas por la mitad a lo largo
4 guindillas rojas tailandesas, picadas muy finas	8 hojas de lima troceadas	3 cucharadas de cilantro fresco picado grueso
2 dientes de ajo chafados	100 g de zanahorias cortadas en rodajitas finas	100 g de tomates cereza partidos por la mitad
1 trozo de 2,5 cm de jengibre tailandés, picado muy fino	350 g de boniatos cortados en dados	225 g de gambas tailandesas

1 En un wok grande, lleve a ebullición el caldo con la pulpa de tamarindo, la guindilla, el ajo, el jengibre tailandés, la salsa de pescado, el azúcar y las hojas de lima, sin dejar de remover.

2 Baje el fuego y añada la zanahoria, el boniato y las mazorquitas.

3 Cueza la sopa a fuego lento, sin tapar, durante 10 minutos o hasta que las verduras estén tiernas.

4 Añada a la sopa el cilantro, los tomates cereza y las gambas y cuézala 5 minutos más.

5 Sirva la sopa en cuanto esté lista, en boles calientes.

SUGERENCIA

Las mazorquitas de maíz tierno tienen un olor y un sabor dulzón. Se venden frescas y enlatadas.

SUGERENCIA

El jengibre tailandés o galanga es un rizoma de la familia del jengibre pero de color amarillo con brotes rosados. Su sabor es aromático y menos picante que el del jengibre.

Sopas y entrantes

Sopa de coco y cangrejo

Para 4 personas

INGREDIENTES

1 cucharada de aceite de cacahuete	1 pimiento rojo, despepitado y cortado en rodajas	2 cucharadas de salsa de pescado
2 cucharadas de pasta de curry rojo tailandés	600 ml de caldo de pescado	225 g de pinzas de cangrejo, frescas o congeladas
600 ml de leche de coco	225 g de carne blanca de cangrejo, fresca o enlatada	2 cucharadas de cilantro picado
		3 tallos de cebolleta, en rodajas

1 Caliente un wok, y luego vierta y caliente el aceite.

2 Añada la pasta de curry rojo y el pimiento y saltee durante 1 minuto.

3 Agregue la leche de coco, el caldo y la salsa de pescado, y llévelo a ebullición.

4 Incorpore la carne y las pinzas de cangrejo, el cilantro y la cebolleta. Remuévalo todo bien y caliéntelo durante unos 2-3 minutos.

5 Sirva la sopa en cuanto esté lista, en boles calientes.

SUGERENCIA

La leche de coco da un sabor dulce y cremoso al plato. La encontrará en polvo o en lata, ya lista para consumir.

SUGERENCIA

Después de usarlo, lave el wok con agua y un detergente blando, si hace falta, y un paño o cepillo suave. No frote ni utilice ningún limpiador abrasivo porque lo estropearía. Séquelo bien con papel absorbente o a fuego lento, y después frote toda la superficie con aceite. Esto irá formando una capa que protegerá el wok de la humedad y evitará que se oxide.

Sopas y entrantes

Sopa de pescado picante

Para 4 personas

INGREDIENTES

15 g de setas chinas deshidratadas	3 cucharadas de salsa de guindilla dulce	2 cucharadas de cilantro fresco
2 cucharadas de aceite de girasol	1,2 litros de caldo de pescado o verduras	450 g de filete de bacalao fresco, sin piel y cortado en dados
1 cebolla cortada en rodajas		
100 g de tirabeques	3 cucharadas de salsa de soja clara	
100 g de tallos de bambú		

1 Coloque las setas en un cuenco grande. Cúbralas con suficiente agua hirviendo y déjelas 5 minutos en remojo. Escúrralas bien. Con un cuchillo afilado, trocéelas.

2 Caliente un wok, y luego vierta y caliente el aceite. Saltee la cebolla durante unos 5 minutos, o hasta que se haya ablandado.

3 Incorpore los tirabeques, el bambú, la salsa de guindilla, el caldo y la salsa de soja, y llévelo a ebullición.

4 Añada el cilantro y los dados de bacalao.

Cuézalo a fuego lento durante 5 minutos, o hasta que el pescado esté en su punto.

5 En cuanto esté lista, sirva la sopa en boles calientes, adornada con hojas de cilantro si lo desea.

VARIACIÓN

El bacalao es un pescado blanco muy carnoso. Para una sopa de lujo, sustitúyalo por una cola de rape.

SUGERENCIA

Existen muchos tipos de setas chinas deshidratadas, pero las mejores son las shiitake. *No son baratas, pero cunden mucho.*

Sopa de champiñones ácida y picante

Para 4 personas

INGREDIENTES

- 2 cucharadas de pulpa de tamarindo
- 4 guindillas rojas tailandesas, picadas muy finas
- 2 dientes de ajo chafados
- 1 trozo de 2,5 cm de jengibre tailandés, picado muy fino
- 4 cucharadas de salsa de pescado
- 2 cucharadas de azúcar de palma o lustre
- 8 hojas de lima troceadas
- 1,2 litros de caldo de pescado
- 100 g de zanahorias cortadas en rodajitas finas
- 225 g de champiñones cortados por la mitad
- 350 g de col blanca cortada en tiras finas
- 100 g de judías verdes partidas por la mitad
- 3 cucharadas de cilantro fresco, picado grueso
- 100 g de tomates cereza partidos por la mitad

1 Ponga la pulpa de tamarindo, la guindilla, el ajo, el jengibre tailandés, la salsa de pescado, el azúcar, las hojas de lima y el caldo en un wok grande caliente. Llévelo a ebullición, removiendo de vez en cuando.

2 Reduzca la temperatura e incorpore la zanahoria, los champiñones, la col y las judías verdes. Cuézalo a fuego lento, sin tapar, unos 10 minutos o hasta que las verduras estén tiernas.

3 Agregue a la sopa el cilantro y los tomates cereza y cuézala durante 5 minutos más.

4 En cuanto esté lista, sirva la sopa en boles calientes

SUGERENCIA

El tamarindo es uno de los ingredientes que dan a la cocina tailandesa su sabor agridulce característico.

VARIACIÓN

Para dar a la sopa un sabor más dulce, en lugar de col blanca puede utilizar col china. En este caso, incorpórela con el cilantro y los tomates cereza en el paso 3.

Sopas y entrantes

Pastelitos de maíz picantes tailandeses

Para 4 personas

INGREDIENTES

225 g de maíz de lata o congelado	2 dientes de ajo chafados	1 huevo grande
2 guindillas rojas tailandesas, despepitadas y picadas muy finas	10 hojas de lima picadas muy finas	75 g de harina de maíz
	2 cucharadas de cilantro fresco picado	100 g de judías verdes cortadas en trozos muy pequeños
		aceite de cacahuete, para freír

1 Ponga el maíz, la guindilla, el ajo, las hojas de lima, el cilantro, el huevo y la harina de maíz en un cuenco grande, y mézclelo todo bien.

2 Incorpore las judías verdes y mezcle con una cuchara de madera.

3 Divida la pasta en bolas pequeñas. Aplánelas con la palma de las manos para formar tortitas.

4 Caliente un wok, y luego vierta y caliente el aceite.

5 Fría los pastelitos en tandas, hasta que estén dorados y crujientes por fuera, dándoles la vuelta de vez en cuando.

6 Sirva los pastelitos recién fritos, en platos calientes.

SUGERENCIA

Si utiliza maíz enlatado, escúrralo bien, lávelo y vuelva a escurrirlo antes de utilizarlo.

SUGERENCIA

Las hojas de lima kafir son relucientes y de color oscuro, y saben a lima-limón. Puede adquirirlas en colmados orientales, frescas o secas. Las hojas frescas tienen un sabor exquisito.

Sopas y entrantes

Rollitos de primavera de verduras

Para 4 personas

INGREDIENTES

225 g de zanahorias
1 pimiento rojo
1 cucharada de aceite de girasol, y un poco más para freír
75 g de brotes de soja
la raspadura fina y el zumo de 1 lima

1 guindilla roja, despepitada y picada muy fina
1 cucharada de salsa de soja
½ cucharadita de arrurruz
2 cucharadas de cilantro fresco picado
8 láminas de pasta filo

25 g de mantequilla
2 cucharaditas de aceite de sésamo

PARA SERVIR:
salsa de guindilla
adornos de cebolleta

1 Con un cuchillo afilado, corte las zanahorias en juliana. Quite las semillas del pimiento y córtelo en rodajas finas.

2 Caliente un wok, y después vierta y caliente el aceite.

3 Rehogue la zanahoria, el pimiento y los brotes de soja durante 2 minutos, removiendo, hasta que se ablanden. Retire el wok del fuego, y agregue el zumo y la raspadura de lima y la guindilla.

4 Mezcle la salsa de soja con el arrurruz. Vierta la mezcla en el wok, vuelva a colocarlo al fuego y caliéntelo 2 minutos o hasta que la salsa se espese. Añada el cilantro y mezcle bien.

5 Extienda las hojas de pasta filo sobre una tabla. Derrita la mantequilla con el aceite de sésamo y pinte las láminas. Con una cuchara, deposite un poco de relleno en un lado de la lámina, dóblela y enróllela.

6 Ponga un poco de aceite en el wok y fría los rollitos en tandas, durante 2-3 minutos o hasta que estén dorados y crujientes. Adorne con la cebolleta y sírvalos calientes con la salsa de guindilla.

SUGERENCIA

En lugar de pasta filo puede utilizar la masa para rollitos que se vende preparada en supermercados chinos y tiendas de dietética.

Sopas y entrantes

Berenjenas a las siete especias

Para 4 personas

INGREDIENTES

450 g de berenjenas, limpias	1 cucharadita de sal	aceite para freír
1 clara de huevo	1 cucharada de condimento	
50 g de harina de maíz	tailandés de siete especias	

1 Con un cuchillo afilado, corte las berenjenas en rodajas finas.

2 Ponga la clara de huevo en un bol pequeño y bátala hasta que esté ligera y espumosa.

3 En un plato grande, mezcle la harina de maíz con la sal y las especias.

4 Caliente el aceite para freír en un wok grande.

5 Reboce las rodajas de berenjena con la clara de huevo y a continuación con la mezcla de harina y especias.

6 Fría las rodajas de berenjena, en tandas, 5 minutos o hasta que estén doradas y crujientes.

7 Coloque las berenjenas sobre papel absorbente y deje que se escurran. Dispóngalas en una fuente o en los platos y sírvalas calientes.

SUGERENCIA

El mejor aceite para freír es el de cacahuete, que tiene un sabor suave y no humea tan fácilmente, y por lo tanto ni quema ni contamina los alimentos. Bastarán 600 ml.

SUGERENCIA

El condimento tailandés de siete especias se vende en algunos grandes supermercados.

Tofu salteado con salsa de cacahuete y guindilla

Para 4 personas

INGREDIENTES

450 g de tofu cortado en dados	SALSA:	1 cucharada de salsa de guindilla dulce
aceite para freír	6 cucharadas de crema de cacahuete crujiente	1 cucharada de pasta de tomate
	150 ml de leche de coco	25 g de cacahuetes salados

1 Seque el tofu con papel absorbente para eliminar el exceso de humedad.

2 Caliente el aceite en un wok grande hasta que esté muy caliente. Fría el tofu, en tandas, 5 minutos o hasta que esté dorado y crujiente. Retírelo con una espumadera y deje que se escurra sobre papel de cocina.

3 Para preparar la salsa, mezcle en un cuenco la crema de cacahuete con la salsa de guindilla, la leche de coco, la pasta de tomate y los cacahuetes, picados. Agregue un poco de agua hirviendo si es necesario, hasta obtener una consistencia suave.

4 Ponga el tofu crujiente en los platos y sírvalo con la salsa de cacahuete y guindilla.

SUGERENCIA

Si lo prefiere, prepare la salsa de cacahuete y guindilla en un cazo a fuego lento justo antes de servir.

SUGERENCIA

Compruebe que el tofu no esté demasiado húmedo antes de freírlo, pues si lo estuviera no quedaría crujiente.

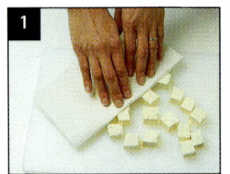

Sopas y entrantes

Algas crujientes

Para 4 personas

INGREDIENTES

1 kg de *pak choi* (espinacas chinas)	1 cucharada de sal	50 g de piñones tostados
aceite de cacahuete para freír (unos 850 ml)	1 cucharada de azúcar lustre	

1 Lave las hojas de *pak choi* bajo el chorro de agua fría y después séquelas bien con papel de cocina.

2 Enrolle las hojas de *pak choi* de una en una y córtelas de modo que queden unas tiras muy finas.

3 Caliente el aceite en un wok grande. Con cuidado, fría el *pak choi* durante 30 segundos o hasta que se encoja y quede crujiente (puede que tenga que freírlo en unas 4 tandas).

4 Retire la verdura crujiente del wok con una espumadera y deje que se escurra sobre papel absorbente.

5 Pase el *pak choi* frito a un bol grande y aderécelo con la sal, el azúcar y los piñones. Sírvalo inmediatamente.

VARIACIÓN

Si no encuentra pak choi, utilice repollo de Milán; compruebe que las hojas estén bien secas antes de freírlas.

SUGERENCIA

Para ahorrar tiempo, puede picar las hojas de pak choi en una picadora. Asegúrese de que utiliza sólo las mejores hojas; deseche todas las exteriores, más duras, porque estropearían el sabor y la textura del plato.

Sopas y entrantes

Higadillos de pollo con pak choi

Para 4 personas

INGREDIENTES

350 g de hígados de pollo	1 cucharadita de jengibre rallado	3 cucharadas de salsa de soja
2 cucharadas de aceite de girasol	2 dientes de ajo chafados	1 cucharadita de harina de maíz
1 guindilla roja, despepitada y finamente picada	2 cucharadas de ketchup	450 g de *pak choi*
	3 cucharadas de jerez	fideos al huevo, para acompañar

1 Con un cuchillo afilado, retire el exceso de grasa de los higadillos de pollo y córtelos en trozos pequeños.

2 Caliente el aceite en un wok grande. Saltee los higadillos a fuego vivo durante 2-3 minutos.

3 Añada la guindilla, el jengibre y el ajo, y saltee durante 1 minuto más.

4 En un bol pequeño, mezcle el ketchup con el jerez, la salsa de soja y la harina de maíz; resérvelo.

5 Incorpore el *pak choi* en el wok y saltee hasta que se ablande.

6 Añada la mezcla de ketchup reservada y cuézalo todo junto, removiendo, hasta que empiece a burbujear.

7 Sirva la preparación caliente, en boles, con los fideos.

SUGERENCIA

El jengibre fresco se conserva varias semanas si se guarda en un lugar seco y fresco.

SUGERENCIA

Los higadillos de pollo se encuentran en la mayoría de los supermercados.

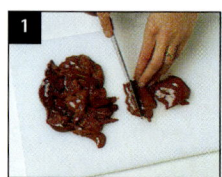

Sopas y entrantes

Pastelitos de pescado tailandeses

Para 4 personas

INGREDIENTES

450 g de filetes de bacalao fresco, sin piel
2 cucharadas de salsa de pescado
2 guindillas rojas tailandesas, despepitadas y picadas finas

2 dientes de ajo chafados
10 hojas de lima, picadas muy finas
2 cucharadas de cilantro fresco picado

1 huevo grande
25 g de harina
100 g de judías verdes francesas, cortadas en rodajitas finas
aceite de cacahuete, para freír

1 Con un cuchillo afilado, corte los filetes de bacalao en trocitos.

2 Coloque el pescado en una picadora junto con la salsa de pescado, la guindilla, el ajo, las hojas de lima, el cilantro, el huevo y la harina. Píquelo hasta obtener una pasta suave y póngala en un cuenco grande.

3 Incorpore las judías y mézclelo todo bien.

4 Divida la mezcla en pequeñas bolas. Aplánelas entre la palma de las manos para formar tortitas.

5 Caliente un wok en seco, vierta un poco de aceite y caliéntelo. Fría los pastelitos por los dos lados, hasta que estén dorados y crujientes.

6 Sirva los pastelitos recién hechos, en platos calientes.

VARIACIÓN

Esta receta acepta casi cualquier tipo de pescado: pruebe con abadejo o con carne de cangrejo o langosta.

SUGERENCIA

La salsa de pescado es un líquido salado de color marrón, más suave que la salsa de soja, que da un sabor genuinamente oriental. La encontrará en colmados orientales o tiendas de dietética.

Sopas y entrantes

Gambas con cacahuete y guindilla

Para 4 personas

INGREDIENTES

450 g de gambas, peladas, excepto la cola
1 cucharada de salsa de guindilla
3 cucharadas de crema de cacahuete crujiente
10 láminas de pasta filo
25 g de mantequilla derretida
50 g de fideos al huevo
aceite para freír

1 Con un cuchillo afilado, haga una pequeña incisión a lo largo del dorso de cada gamba. Aplástelas ligeramente para que queden planas.

2 Mezcle la crema de cacahuete y la salsa de guindilla en un bol pequeño. Ponga un poco de salsa sobre cada gamba.

3 Corte cada lámina de pasta por la mitad y píntelas con la mantequilla derretida.

4 Envuelva cada gamba con un trozo de pasta filo, escondiendo dentro los bordes.

5 Coloque los fideos al huevo en un cuenco, cúbralos con agua hirviendo y déjelos reposar durante 5 minutos. Escúrralos bien. Ate cada paquetito de gamba con 2-3 fideos cocidos.

6 Caliente un wok en seco; después, vierta el aceite y caliéntelo. Fría las gambas durante 3-4 minutos, o hasta que estén doradas y crujientes.

7 Retire las gambas del wok con una espumadera y deje que se escurran sobre papel absorbente. Repártalas entre los platos y sírvalas calientes.

SUGERENCIA

Mientras manipule un trozo de pasta filo, guarde el resto bien envuelto, para evitar que se reseque.

Sopas y entrantes

Rollitos de gamba

Para 4 personas

INGREDIENTES

1 cucharada de aceite de girasol	1 trozo de 1 cm de jengibre, pelado y rallado	8 láminas de pasta filo
1 pimiento rojo, despepitado y cortado en rodajas finas	225 g de gambas peladas	25 g de mantequilla
75 g de brotes de soja	1 cucharada de salsa de pescado	2 cucharaditas de aceite de sésamo
la ralladura fina y el zumo de 1 lima	$1/2$ cucharadita de arrurruz	aceite para freír
1 guindilla roja tailandesa, sin semillas y picada muy fina	2 cucharadas de cilantro fresco picado	1 tallo de cebolleta cortado en tiras, para adornar
		salsa de guindilla, para servir

1 Caliente un wok grande en seco; vierta el aceite de girasol y caliéntelo. Saltee el pimiento y los brotes de soja durante 2 minutos, o hasta que se hayan ablandado.

2 Retire el wok del fuego y agregue el zumo y la ralladura de lima, la guindilla, el jengibre y las gambas, removiendo bien.

3 Mezcle la salsa de pescado con el arrurruz y viértalo en el wok. Vuelva a poner el wok al fuego otros 2 minutos, removiendo, hasta que la preparación se espese. Añada el cilantro y mezcle bien.

4 Extienda las hojas de pasta filo sobre una tabla. Derrita la mantequilla con el aceite de sésamo y pinte las láminas, una por una, con la mezcla.

5 Con una cuchara, deposite un poco de relleno sobre un extremo de cada lámina; dóblela y enróllela, envolviendo el relleno.

6 Caliente el aceite en el wok. Fría los rollitos en tandas, durante 2-3 minutos o hasta que estén dorados y crujientes. Adórnelos con la cebolleta y sírvalos calientes, con la salsa de guindilla para mojar.

SUGERENCIA

Si utiliza gambas cocidas, saltéelas sólo 1 minuto para que no queden duras.

Sopas y entrantes

Ensalada china de gambas

Para 4 personas

INGREDIENTES

250 g de fideos al huevo finos	150 g de brotes de soja	350 g de gambas, cocidas
3 cucharadas de aceite de girasol	1 mango maduro, en rodajas	y peladas
1 cucharada de aceite de sésamo	6 cebolletas cortadas en rodajas	2 cucharadas de salsa de soja clara
1 cucharada de semillas de sésamo	75 g de rábano cortado en rodajas	1 cucharada de jerez

1 Ponga los fideos en un cuenco grande y cúbralos con agua hirviendo. Déjelos en remojo durante 10 minutos.

2 Escurra bien los fideos y elimine el exceso de humedad con papel absorbente.

3 Caliente el aceite de girasol en un wok grande. Incorpore los fideos y saltéelos 5 minutos, removiendo con frecuencia.

4 Retire los fideos del fuego y agregue al aceite y las semillas de sésamo, así como los brotes de soja, agitando para que todo quede bien mezclado.

5 En un cuenco aparte, mezcle el mango con la cebolleta, el rábano, las gambas, la salsa de soja y el jerez.

6 Mezcle la preparación de gambas con los fideos y preséntelo en una fuente para servir, o bien disponga los fideos por el borde de la fuente y coloque la mezcla de gambas en el centro. Sirva la ensalada inmediatamente.

VARIACIÓN

Si no encuentra mango fresco, utilice rodajas de mango en conserva, lavadas y escurridas.

Sopas y entrantes

Tostadas con gambas y sésamo

Para 4 personas

INGREDIENTES

4 rebanadas de pan de molde blanco, de tamaño medio	1 cucharada de salsa de soja	1 huevo
225 g de gambas, cocidas y peladas	2 dientes de ajo chafados	25 g de semillas de sésamo
	1 cucharada de aceite de sésamo	aceite para freír
		salsa de guindilla dulce, para servir

1 Si lo desea, corte y elimine la corteza de las rebanadas de pan; resérvelas hasta que las necesite.

2 Ponga las gambas cocidas, la salsa de soja, el ajo, el aceite de sésamo y el huevo en una picadora, y pique hasta obtener una pasta suave.

3 Unte las 4 rebanadas de pan con la pasta de gambas.

4 Espolvoree sobre la pasta de gambas las semillas de sésamo y presione un poco con los dedos para que se adhieran.

5 Corte las rebanadas en diagonal 2 veces, para formar 4 triángulos con cada una.

6 Caliente el aceite en un wok grande y fría las tostadas, con el lado del sésamo hacia arriba, durante 4-5 minutos o hasta que estén doradas y crujientes.

7 Retire las tostadas con una espumadera y deje que se escurran bien sobre papel absorbente.

8 Sirva las tostadas bien calientes, acompañadas con una salsa de guindilla para mojar.

VARIACIÓN

Si quiere que las tostadas queden más sabrosas y crujientes, añada 2 cebolletas picadas en el paso 2.

Sopas y entrantes

Tortilla de langostinos

Para 4 personas

INGREDIENTES

3 cucharadas de aceite de girasol	1 cucharadita de sal	6 huevos
2 puerros cortados en rodajas	175 g de champiñones cortados en láminas	tiras de puerro frito, para decorar (opcional)
350 g de langostinos crudos	175 g de brotes de soja	
25 g de harina de maíz		

1 Caliente un wok en seco, y luego vierta el aceite de girasol y caliéntelo. Saltee el puerro durante 3 minutos.

2 Lave los langostinos bajo el chorro de agua fría y séquelos con papel absorbente.

3 Mezcle la harina de maíz con la sal en un cuenco grande.

4 Reboce bien los langostinos con la mezcla de harina y sal.

5 Incorpore los langostinos en el wok, y saltéelo todo junto durante 2 minutos, o hasta que los langostinos estén casi cocidos del todo.

6 Añada los champiñones y los brotes de soja y saltee durante otros 2 minutos.

7 Bata los huevos con 3 cucharadas de agua fría. Vierta el huevo en el wok y hágalo hasta que cuaje; entonces, déle la vuelta con cuidado. Coloque la tortilla sobre una tabla limpia, divídala en 4 porciones y sírvala caliente, adornada, si lo desea, con el puerro frito.

SUGERENCIA

Si lo prefiere, divida la mezcla en 4 porciones después del paso 6 y prepare 4 tortillas individuales en lugar de 1 grande.

Sopas y entrantes

Langostinos con sal y pimienta

Para 4 personas

INGREDIENTES

- 2 cucharaditas de sal
- 1 cucharadita de pimienta negra
- 2 cucharaditas de pimienta de Sichuan en grano
- 1 cucharadita de azúcar
- 450 g de langostinos crudos pelados
- 2 cucharaditas de aceite de cacahuete
- 1 guindilla roja, despepitada y picada
- 1 cucharadita de jengibre rallado
- 3 dientes de ajo chafados
- cebolleta cortada en rodajas, para decorar
- pan de gambas crujiente, para acompañar

1 En un mortero, maje la sal junto con los granos de pimienta negra y de Sichuan. Mézclelo con el azúcar y resérvelo hasta que lo necesite.

2 Lave los langostinos bajo el chorro de agua fría y séquelos con papel absorbente.

3 Caliente un wok en seco, y luego añada el aceite y caliéntelo. Saltee los langostinos junto con la guindilla, el jengibre y el ajo durante 4-5 minutos, o hasta que los langostinos estén cocidos.

4 Añada la mezcla de sal y pimienta y saltee durante 1 minuto.

5 Disponga los langostinos en cuencos calientes y adórnelos con la cebolleta. Sírvalos de inmediato, acompañados con el pan de gambas.

SUGERENCIA

Los granos de pimienta silvestre de Sichuan son de color marrón rojizo y muy aromáticos; esta pimienta procede de la región del mismo nombre de China.

SUGERENCIA

Los langostinos son fáciles de encontrar, y no sólo son sabrosos sino que tienen un color atractivo y una agradable textura. Si utiliza langostinos cocidos, añádalos junto con la mezcla de sal y pimienta en el paso 4, pues si lo hace antes podrían quedar demasiado duros.

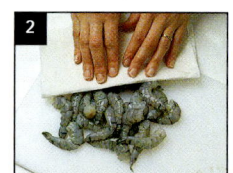

Carnes rojas y blancas

La carne es cara en los países del Lejano Oriente, y se consume en menor proporción que en Occidente. Pero se le saca el máximo partido macerándola o sazonándola con especias.

En Malasia se elabora todo un surtido de carnes picantes que refleja los variados orígenes étnicos de la población. El pollo es el ave más consumida: se prepara macerado, a la parrilla, salteado en el wok, en forma de curry o estofado.

En China la carne de ave, cordero, buey y cerdo se saltea o se prepara al vapor, y se adereza con salsas como la de soja, habichuelas negras u ostras. En Japón, donde no se consume mucha carne, se suele macerar y saltear en el wok, o bien cocer a fuego lento en un caldo de miso.

En Tailandia la carne es más magra y tiene más sabor, ya que los animales, incluso los de granja, crecen en libertad. En el siguiente capítulo se presentan recetas fáciles y muy sabrosas.

Pollo salteado al jengibre

Para 4 personas

INGREDIENTES

2 cucharadas de aceite de girasol	1 diente de ajo chafado	1 cucharada de azúcar de Demerara
1 cebolla cortada en rodajas	2 cucharadas de jengibre fresco, pelado y rallado	100 ml de zumo de naranja
175 g de zanahorias cortadas en juliana fina	1 cucharadita de jengibre molido	1 cucharadita de harina de maíz
350 g de pechuga de pollo, deshuesada y sin piel	4 cucharadas de jerez dulce	1 naranja, pelada y dividida en gajos
	1 cucharada de pasta de tomate	cebollino fresco picado, para decorar

1. Caliente un wok grande en seco, y después vierta el aceite y caliéntelo. Añada la cebolla, la zanahoria y el ajo y saltéelos a fuego vivo durante 3 minutos o hasta que empiecen a ablandarse.

2. Con un cuchillo afilado, corte el pollo en tiras finas. Pase el pollo al wok, junto con el jengibre rallado y el molido. Saltee durante 10 minutos más, o hasta que el pollo esté bien cocido y uniformemente dorado.

3. En un cuenco, mezcle el jerez con la pasta de tomate, el azúcar, el zumo de naranja y la harina de maíz. Incorpore la mezcla en el wok y manténgalo al fuego hasta que se formen burbujas y el jugo se empiece a espesar.

4. Agregue los gajos de naranja y agite con cuidado para mezclar.

5. Sirva el pollo salteado de inmediato, en cuencos individuales, adornado con cebollino recién picado.

SUGERENCIA

Compruebe que la cocción no prosiga después de añadir los gajos de naranja en el paso 4, para evitar que se rompan.

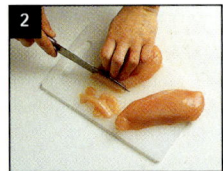

Carnes rojas y blancas

Salteado de pollo con verduras y salsa de soja amarilla

Para 4 personas

INGREDIENTES

- 2 cucharadas de aceite de girasol
- 450 g de pechuga de pollo, deshuesada y sin piel
- 2 dientes de ajo chafados
- 1 pimiento verde
- 100 g de tirabeques
- 6 cebolletas cortadas en rodajas, y un poco más para adornar
- 225 g de una hortaliza tierna de hoja verde o col, en tiras finas
- 1 bote de 160 g de salsa de soja amarilla
- 50 g de anacardos tostados

1 Caliente un wok grande en seco, vierta el aceite y caliéntelo.

2 Con un cuchillo afilado, corte el pollo en tiras finas.

3 Saltee el pollo junto con el ajo, unos 5 minutos o hasta que la carne esté sellada y empiece a dorarse.

4 Con un cuchillo afilado, quite las semillas del pimiento y córtelo en tiras finas.

5 Incorpore en el wok los tirabeques, la cebolleta, las tiras de pimiento y la col. Saltéelo todo junto durante unos 5 minutos, o hasta que las verduras estén tiernas.

6 Añada la salsa de soja amarilla y deje el wok al fuego unos 2 minutos más, o hasta que la salsa empiece a burbujear.

7 Esparza por encima de la preparación los anacardos tostados.

8 Caliente los platos para servir y distribuya el salteado de pollo y verduras; si lo desea, adórnelo con rodajas de cebolleta. Sírvalo inmediatamente.

SUGERENCIA

No utilice anacardos salados, porque la salsa de soja ya lleva bastante sal y el plato quedaría demasiado fuerte.

Salteado de pollo, pimiento y naranja

Para 4 personas

INGREDIENTES

3 cucharadas de aceite de girasol	1 pimiento rojo, despepitado y cortado en rodajas	la ralladura fina y el zumo de 1 naranja
350 g de muslos de pollo, deshuesados, sin piel y cortados en tiras finas	75 g de tirabeques	1 cucharadita de harina de maíz
1 cebolla cortada en rodajas	4 cucharadas de salsa de soja clara	2 naranjas
1 diente de ajo chafado	4 cucharadas de jerez	100 g de brotes de soja
	1 cucharada de pasta de tomate	arroz o fideos cocidos

1 Caliente un wok grande en seco, vierta el aceite y caliéntelo.

2 Saltee el pollo durante 2-3 minutos, o hasta que esté sellado por todos los lados y ligeramente dorado.

3 Incorpore en el wok la cebolla, el ajo, el pimiento y los tirabeques. Saltéelo todo junto durante otros 5 minutos, o hasta que las verduras empiecen a ablandarse y el pollo esté totalmente cocido.

4 En un recipiente, mezcle la salsa de soja con el jerez, la pasta de tomate, el zumo y la ralladura de naranja y la harina.

5 Añada la mezcla al wok y cuézalo, removiendo, hasta que la salsa se espese.

6 Con un cuchillo afilado, pele las naranjas y córtelas en gajos.

7 Añada los gajos de naranja y los brotes de soja al wok y déjelo al fuego otros 2 minutos.

8 Pase el salteado a los platos y sírvalo inmediatamente, acompañado con arroz o fideos cocidos.

SUGERENCIA

Los brotes de soja constituyen un ingrediente habitual de la cocina china. Requieren muy poca cocción y también se pueden comer crudos, en ensalada.

Curry de pollo al aroma de coco

Para 4 personas

INGREDIENTES

2 cucharadas de aceite de girasol o 25 g de *ghee* (mantequilla clarificada)	3 cucharadas de pasta de curry poco picante	150 ml de yogur natural
450 g de pechuga o muslo de pollo, deshuesado y sin piel	300 ml de caldo de pollo	2 cucharadas de cilantro fresco picado
150 g de quingombóes	1 cucharada de zumo de limón natural	arroz hervido, para acompañar
1 cebolla grande cortada en rodajas	100 g de coco cremoso	PARA DECORAR:
2 dientes de ajo chafados	175 g de piña fresca o enlatada, cortada en dados	gajos de limón
		ramitas de cilantro fresco

1 Caliente un wok grande en seco, y después vierta el aceite o el ghee y caliéntelo.

2 Con un cuchillo afilado, corte el pollo en trocitos pequeños. Saltéelo en el wok, removiendo varias veces, hasta que se dore.

3 Corte la parte superior de los quingombóes.

4 Incorpore en el wok la cebolla, el ajo y los quingombóes, y saltee otros 2-3 minutos más, sin dejar de remover.

5 Mezcle la pasta de curry con el caldo de pollo y el zumo de limón y viértalo en el wok. Llévelo a ebullición, cúbralo y déjelo cocer a fuego lento durante 30 minutos.

6 Ralle el coco cremoso un poco grueso, añádalo al curry y cuézalo todo junto 5 minutos: el coco cremoso ayudará a que la salsa se espese.

7 Añada la piña, el yogur y el cilantro y cuézalo 2 minutos más, removiendo.

8 Adorne el plato y sírvalo caliente con el arroz recién hervido.

SUGERENCIA

La parte superior de los quingombóes se elimina antes de cocerlos para que suelten su característica sustancia gelatinosa y amarga.

Carnes rojas y blancas

Pollo agridulce con mango

Para 4 personas

INGREDIENTES

1 cucharada de aceite de girasol	225 de puerros cortados en tiras	150 ml de zumo de mango
6 muslos de pollo, deshuesados	100 g de brotes de soja	2 cucharadas de miel
1 mango maduro	1 cucharada de vinagre de vino blanco	2 cucharadas de ketchup
2 dientes de ajo chafados		1 cucharadita de harina de maíz

1 Caliente un wok grande en seco, y después vierta el aceite y caliéntelo.

2 Con un cuchillo afilado, corte el pollo en trocitos pequeños. Deseche la piel.

3 Saltee el pollo en el wok a fuego vivo durante 10 minutos, removiendo con frecuencia, hasta que esté bien cocido y dorado.

4 Mientras tanto, pele el mango y córtelo en rodajas.

5 Incorpore en el wok el ajo, el puerro, el mango y los brotes de soja, y saltéelo todo junto durante otros 2-3 minutos o hasta que la fruta y las hortalizas estén tiernas.

6 En un recipiente, mezcle el zumo de mango con el vinagre, la miel, el ketchup y la harina de maíz.

7 Vierta la mezcla anterior en el wok y saltee durante 2 minutos o hasta que la salsa se empiece a espesar.

8 Caliente una fuente para servir y disponga el salteado. Sírvalo de inmediato, bien caliente.

SUGERENCIA

El zumo de mango es espeso y dulce. Lo venden en muchos supermercados, pero si no lo encuentra triture un mango maduro, páselo por el chino y añada agua hasta obtener la cantidad necesaria.

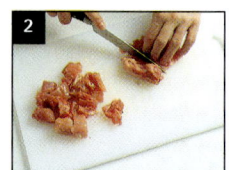

Salteado de pollo con comino y pimientos variados

Para 4 personas
INGREDIENTES

450 g de pechugas de pollo, deshuesadas y sin piel	1 guindilla roja cortada en rodajas	100 g de brotes de soja
2 cucharadas de aceite de girasol	1 pimiento rojo, despepitado y cortado en rodajas	350 g de *pak choi* u otro tipo de verdura de hoja verde
1 diente de ajo chafado	1 pimiento verde, despepitado y cortado en rodajas	2 cucharadas de salsa de guindilla dulce
1 cucharada de semillas de comino	1 pimiento amarillo, despepitado y cortado en rodajas	3 cucharadas de salsa de soja clara
1 cucharada de jengibre fresco rallado		jengibre frito crujiente, para decorar

1 Con un cuchillo afilado, corte las pechugas de pollo en tiras finas.

2 Caliente un wok grande, vierta el aceite y caliéntelo.

3 Saltee el pollo en el wok durante 5 minutos.

4 Añada el ajo, las semillas de comino, el jengibre y la guindilla; remueva para mezclar.

5 Incorpore los pimientos y saltee otros 5 minutos.

6 Por último, añada los brotes de soja y el *pak choi*, con la salsa de guindilla dulce y la de soja, y siga cociendo hasta que las hojas de *pak choi* empiecen a ablandarse.

7 Caliente cuencos individuales y reparta el salteado. Sírvalo adornado con jengibre frito.

SUGERENCIA

Para preparar el jengibre frito, pele un trozo grande de jengibre y córtelo en rodajitas finas.
Con cuidado, fríalas en un wok o una sartén con aceite bien caliente, durante 30 segundos.
Retírelas con una espumadera y deje que se escurran sobre papel absorbente.

Salteado de pollo con limón y semillas de sésamo

Para 4 personas
INGREDIENTES

4 pechugas de pollo, deshuesadas y sin piel	2 cucharadas de aceite vegetal	3 cucharadas de cuajada de limón
1 clara de huevo	1 cebolla cortada en rodajas	1 lata de 200 g de castañas de agua
25 g de semillas de sésamo	1 cucharada de azúcar de Demerara	
	la ralladura fina y el zumo de 1 limón	ralladura de limón, para decorar

1 Coloque las pechugas de pollo entre 2 hojas de plástico de cocina y golpéelas con un rodillo de madera para ablandarlas. Corte el pollo en tiras finas.

2 Bata la clara de huevo hasta que esté ligera y esponjosa.

3 Reboce las tiras de pollo con la clara de huevo y después con las semillas de sésamo.

4 Caliente un wok grande, vierta el aceite y caliéntelo.

5 Saltee la cebolla en el wok durante 2 minutos, o hasta que se ablande.

6 Incorpore en el wok el pollo rebozado con sésamo y siga salteando durante 5 minutos, o hasta que esté dorado.

7 En un bol, mezcle el azúcar con la ralladura, el zumo y la cuajada de limón, y vierta la mezcla en el wok. Deje que burbujee un poco, sin remover.

8 Escurra las castañas de agua y córtelas en rodajas finas. Incorpórelas en el wok y caliente bien la preparación durante 2 minutos. Sirva el salteado bien caliente en cuencos individuales, adornado con ralladura de limón.

SUGERENCIA

Las castañas de agua, cuyo sabor es bastante insípido, se suelen añadir a algunos platos chinos por su textura crujiente.

Pollo tailandés con tomates cereza

Para 4 personas

INGREDIENTES

- 1 cucharada de aceite de girasol
- 450 g de pollo deshuesado y sin piel
- 2 dientes de ajo chafados
- 2 cucharadas de pasta de curry rojo tailandés
- 2 cucharadas de galanga o jengibre fresco rallado
- 1 cucharada de pulpa de tamarindo
- 4 hojas de lima
- 225 g de boniatos
- 600 ml de leche de coco
- 225 g de tomates cereza
- 3 cucharadas de cilantro fresco
- arroz jazmín o aromático tailandés cocido, para acompañar

1 Caliente un wok grande, vierta el aceite y caliéntelo.

2 Corte el pollo en lonchas finas y saltéelo durante 5 minutos.

3 Añada el ajo, la pasta de curry, la galanga o el jengibre, el tamarindo y las hojas de lima y saltee durante 1 minuto más.

4 Con un cuchillo afilado, pele el boniato y córtelo en dados.

5 Agregue la leche de coco y el boniato y llévelo a ebullición. Cuézalo a fuego moderado unos 20 minutos, o hasta que el líquido empiece a espesarse y a reducirse.

6 Añada los tomates cereza partidos por la mitad y el cilantro y cuézalo durante otros 5 minutos, removiendo de vez en cuando. Distribuya el guiso entre los platos y sírvalo bien caliente, acompañado con arroz jazmín o tailandés.

SUGERENCIA

La galanga es un rizoma parecido al jengibre que se utiliza en la cocina tailandesa. Se vende fresca en los colmados orientales, pero también se encuentra seca y en polvo. La fresca, de sabor menos intenso que el jengibre, se debe pelar antes de usarla.

Salteado de pollo a la pimienta con guisantes de olor

Para 4 personas
INGREDIENTES

2 cucharadas de ketchup	2 cucharadas de granos de pimienta variada, levemente majados	1 pimiento verde
2 cucharadas de salsa de soja		175 g de guisantes de olor
450 de pechuga de pollo, deshuesada y sin piel	2 cucharadas de aceite de girasol	2 cucharadas de salsa de ostras
	1 pimiento rojo	

1 En un bol, mezcle el ketchup con la salsa de soja.

2 Con un cuchillo afilado, corte el pollo en tiras finas. Páselo por la mezcla de ketchup y salsa de soja.

3 Ponga la pimienta majada en un plato y reboce con ella el pollo.

4 Caliente un wok grande en seco, y después vierta el aceite de girasol y caliéntelo.

5 Saltee el pollo en el wok durante 5 minutos.

6 Quite las semillas de los pimientos y córtelos en rodajas.

7 Incorpore los pimientos en el wok, junto con los guisantes de olor, y saltee otros 5 minutos.

8 Agregue la salsa de ostras y saltee 2 minutos más. Sirva el salteado de inmediato, en cuencos individuales.

VARIACIÓN

Si lo prefiere, utilice tirabeques en lugar de guisantes de olor.

Pollo salteado con miel y brotes de soja

Para 4 personas

INGREDIENTES

2 cucharadas de miel	1 cucharada de jerez dulce	1 guindilla roja
3 cucharadas de salsa de soja clara	1 diente de ajo chafado	100 g de mazorquitas de maíz
1 cucharadita de mezcla china de cinco especias	8 muslos de pollo	8 cebolletas cortadas en rodajas
	1 cucharada de aceite de girasol	150 g de brotes de soja

1. En un cuenco grande, mezcle la miel con la salsa de soja, el jerez, la mezcla china de cinco especias y el ajo.

2. Con un cuchillo afilado, haga 3 incisiones en la piel de cada muslo de pollo. Úntelos con la mezcla de miel y soja, cúbralos y déjelos reposar durante un mínimo de 30 minutos.

3. Caliente un wok grande, vierta el aceite y caliéntelo.

4. Ponga el pollo en el wok y saltéelo a fuego vivo, durante 12-15 minutos o hasta que se dore y la piel empiece a estar crujiente. Retire el pollo del wok con una espumadera.

5. Con un cuchillo afilado, quite las semillas de la guindilla y córtela en rodajitas finas.

6. Saltee en el wok la guindilla, las mazorquitas cortadas en dos a lo largo, la cebolleta y los brotes de soja, 5 minutos.

7. Vuelva a poner el pollo en el wok y remueva para mezclar y calentarlo bien.

8. Reparta el salteado entre los platos individuales y sírvalo inmediatamente.

SUGERENCIA

La mezcla china de cinco especias se vende en muchos supermercados, así como en los colmados orientales.

Salteado de pollo con anacardos y salsa de soja amarilla

Para 4 personas

INGREDIENTES

450 g de pechugas de pollo deshuesadas	175 g de champiñones cortados en láminas	cilantro fresco, para adornar
2 cucharadas de aceite vegetal	100 g de anacardos	arroz hervido o frito con huevo, para acompañar
1 cebolla roja cortada en rodajas	1 bote 75 g de salsa de soja amarilla	

1 Con un cuchillo afilado, quite el exceso de grasa y separe la piel de las pechugas de pollo, si lo desea. Córtelas en trozos pequeños.

2 Caliente un wok grande en seco, y después vierta el aceite y caliéntelo.

3 Saltee el pollo en el wok durante 5 minutos.

4 Incorpore en el wok la cebolla y los champiñones, y siga salteando durante otros 5 minutos.

5 Coloque los anacardos en una bandeja para el horno y tuéstelos bajo el grill precalentado, a temperatura media, hasta que empiecen a coger color: eso liberará su sabor.

6 Incorpore los anacardos en el wok junto con la salsa de soja amarilla. Deje burbujear la salsa durante 2-3 minutos.

7 Sirva el salteado muy caliente, en cuencos individuales, adornado con el cilantro, y con arroz hervido o frito con huevo.

SUGERENCIA

Si lo prefiere, puede utilizar muslos de pollo en lugar de pechuga.

Carnes rojas y blancas

Salteado de pollo con guindilla y albahaca crujiente

Para 4 personas

INGREDIENTES

8 muslitos de pollo
2 cucharadas de salsa de soja
1 cucharada de aceite de girasol
1 guindilla roja

100 g de zanahorias cortadas en juliana
6 tallos de apio cortados en juliana

3 cucharadas de salsa de guindilla dulce
aceite para freír
unas 50 hojas de albahaca fresca

1 Si lo desea, elimine la piel de los muslos de pollo. Haga 3 incisiones en cada uno de ellos y úntelos con la salsa de soja.

2 Caliente un wok grande, y después vierta el aceite y fría los muslos de pollo 20 minutos, dándoles la vuelta con frecuencia, hasta que estén hechos.

3 Despepite la guindilla y píquela muy fina. Incorpore la guindilla, la zanahoria y el apio en el wok y saltee 5 minutos. Agregue la salsa de guindilla dulce, cúbralo y déjelo cocer a fuego moderado mientras prepara la albahaca.

4 Caliente un poco de aceite en una sartén de base gruesa. Deposite las hojas de albahaca, separadas, protegiéndose la mano con un paño de cocina pues pueden salpicar. Fríalas unos 30 segundos o hasta que empiecen a curvarse, sin que se doren. Escúrralas sobre papel absorbente.

5 Disponga el pollo con las verduras y el jugo de cocción en una fuente de servir caliente, y decore con las hojas crujientes de albahaca frita.

SUGERENCIA

La albahaca tiene un sabor intenso, que combina muy bien con el pollo y los condimentos chinos. Si lo prefiere, utilice espinacas tiernas en su lugar.

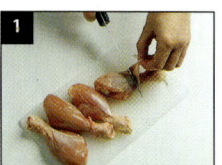

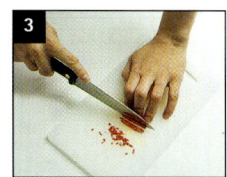

Carnes rojas y blancas

Pollo salteado al ajillo con cilantro y lima

Para 4 personas

INGREDIENTES

4 pechugas de pollo grandes, deshuesadas y sin piel	3 cucharadas de cilantro fresco picado	25 g de azúcar de palma o de Demerara
50 g de mantequilla al ajo, ablandada	1 cucharada de aceite de girasol la ralladura fina y el zumo de 2 limas	arroz hervido, para acompañar

1 Coloque cada pechuga entre dos trozos de plástico de cocina y golpéelas con un rodillo de madera para aplastarlas hasta que queden de un grosor de alrededor de 1 cm.

2 Mezcle la mantequilla al ajo con el cilantro y unte con ello las pechugas de pollo. Enróllelas y sujételas con dos palillos.

3 Caliente el aceite en un wok. Rehogue los rollitos de pechuga entre 15 y 20 minutos, hasta que estén hechos.

4 Retire los rollitos del wok y colóquelos sobre una tabla de cortar. Córtelos en lonchas.

5 Ponga en el wok la ralladura y el zumo de lima y el azúcar. Caliéntelo un poco, removiendo. Cuando se disuelva el azúcar, suba la temperatura y cuézalo durante 2 minutos.

6 Reparta las lonchas de pollo entre los platos calientes y vierta cucharadas de jugo de cocción por encima.

7 Si lo desea, adorne el salteado con cilantro.

SUGERENCIA

Compruebe que el pollo esté cocido antes de cortarlo y servirlo. Rehóguelo a fuego moderado para que no quede hecho por fuera pero crudo por dentro.

Carnes rojas y blancas

Salteado de pollo con comino y berenjena

Para 4 personas

INGREDIENTES

5 cucharadas de aceite de girasol	1 cucharada de pimentón	100 ml de caldo de pollo
2 dientes de ajo chafados	450 g de pechuga de pollo, deshuesada y sin piel	1 cucharada de zumo de limón
1 cucharada de semillas de comino		1/2 cucharadita de sal
1 cucharada de curry en polvo no muy picante	1 berenjena grande, en dados	150 ml de yogur natural
	4 tomates cortados en cuartos	1 cucharada de menta fresca picada

1 Caliente un wok grande y después vierta 2 cucharadas de aceite de girasol y caliéntelo.

2 Saltee durante 1 minuto el ajo, las semillas de comino, el curry en polvo y el pimentón.

3 Con un cuchillo afilado, corte las pechugas de pollo en lonchas finas.

4 Añada el resto del aceite y saltee el pollo durante 5 minutos.

5 Incorpore la berenjena, el tomate y el caldo de pollo y llévelo a ebullición. Reduzca la temperatura y cuézalo a fuego lento durante unos 20 minutos.

6 Agregue el zumo de limón, la sal y el yogur, y cuézalo a fuego suave otros 5 minutos, removiendo de vez en cuando.

7 Espolvoree el salteado con la menta fresca picada y sírvalo caliente, en cuencos individuales.

SUGERENCIA

Cuando incorpore el yogur, procure que la salsa no vuelva a hervir, pues podría cuajar.

Pato hoisin con puerro y col salteada

Para 4 personas
INGREDIENTES

4 pechugas de pato	la ralladura fina de 1 naranja	1 cucharadita de semillas de sésamo
350 g de col cortada en tiras finas	6 cucharadas de salsa de ostras	tostadas, para espolvorear
225 g de puerros cortados en rodajas		

1. Caliente un wok grande y saltee sin aceite las pechugas de pato, con la piel, 5 minutos por cada lado (puede que tenga que hacerlo en 2 tandas).

2. Retire las pechugas del wok y póngalas sobre una tabla de cortar limpia. Con un cuchillo afilado, corte las pechugas en lonchas finas.

3. Retire toda la grasa que haya quedado en el wok excepto 1 cucharada; tire el resto.

4. Con un cuchillo afilado, corte la col en tiras bien finas.

5. Ponga el puerro, la col y la ralladura de naranja en el wok y saltéelo durante 5 minutos, o hasta que las verduras se hayan ablandado.

6. Vuelva a poner el pato en el wok y saltéelo todo junto durante 2-3 minutos.

7. Rocíe con la salsa de ostras, agite bien para mezclar y caliéntelo todo bien.

8. Espolvoree el salteado con el sésamo y sírvalo caliente.

VARIACIÓN

Si quiere darle al salteado un sabor dulzón, utilice col china en lugar de col verde.

Pato con maíz tierno y piña

Para 4 personas
INGREDIENTES

4 pechugas de pato	1 cucharada de aceite de guindilla	175 de trozos de piña de lata
1 cucharadita de mezcla china de cinco especias	225 g de cebollitas peladas	6 cebolletas cortadas en rodajas
1 cucharada de harina de maíz	2 dientes de ajo chafados	100 g de brotes de soja
	100 g de mazorquitas de maíz	2 cucharadas de salsa de ciruelas

1 Quite la piel de las pechugas de pato y córtelas en lonchas finas.

2 En un cuenco grande, mezcle el polvo de cinco especias con la harina de maíz.

3 Reboce la carne con esta mezcla de modo que quede bien recubierta.

4 Caliente un wok en seco y después vierta el aceite y caliéntelo. Saltee el pato durante 10 minutos o hasta que se empiece a dorar por los bordes.

5 Retire el pato del wok y resérvelo hasta que lo necesite.

6 En el wok, saltee las cebollitas y el ajo durante 5 minutos o hasta que las cebollas se hayan ablandado.

7 Incorpore en el wok las mazorquitas de maíz y saltee otros 5 minutos.

8 Añada la piña, la cebolleta y los brotes de soja y saltee durante 3-4 minutos más. Agregue la salsa de ciruelas.

9 Vuelva a poner el pato en el wok y mézclelo todo bien. Sirva el salteado en platos individuales calientes.

SUGERENCIA

Para que el sabor sea más fresco, compre una lata de piña al natural. Si sólo la encuentra en almíbar, lávela con agua fría y escúrrala bien antes de utilizarla.

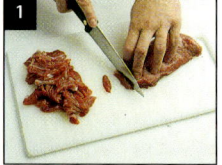

Pavo salteado con glaseado de arándanos

Para 2-3 personas

INGREDIENTES

1 pechuga de pavo	50 g de arándanos frescos	4 cucharadas de salsa de arándanos
2 cucharadas de aceite de girasol	o congelados	3 cucharadas de salsa de soja clara
15 g de jengibre	100 g de castañas en conserva	sal y pimienta

1. Elimine la piel que pueda tener la pechuga de pavo. Con un cuchillo afilado, córtela en lonchas finas.

2. Caliente un wok grande, vierta el aceite y caliéntelo.

3. Ponga el pavo en el wok y saltéelo durante 5 minutos o hasta que esté hecho.

4. Con un cuchillo afilado, pique el jengibre bien fino.

5. Incorpore el jengibre y los arándanos en el wok y saltee 2-3 minutos, o hasta que los arándanos se hayan reblandecido.

6. Agregue las castañas y las salsas de arándanos y de soja, salpimente al gusto y saltee a fuego moderado durante 2-3 minutos.

7. Sirva el salteado de inmediato, en platos calientes.

SUGERENCIA

Si prefiere la carne más tierna y magra, puede utilizar escalope de pavo en lugar de pechuga.

SUGERENCIA

Es muy importante que el wok esté bien caliente antes de iniciar la cocción: al poner la mano a una distancia de unos 8 cm de la base interior, se debe sentir irradiar el calor.

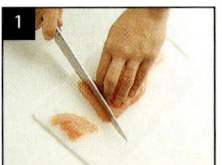

Salteado de buey y verduras con jerez y salsa de soja

Para 4 personas

INGREDIENTES

2 cucharadas de aceite de girasol	1 pimiento rojo, despepitado y cortado en rodajas	SALSA:
350 g de filete de buey, en tiras	1 col china pequeña, en tiras finas	3 cucharadas de jerez semiseco
1 cebolla roja cortada en rodajas	150 g de brotes de soja	3 cucharadas de salsa de soja clara
175 g de calabacines cortados en rodajas diagonales	1 lata de 225 g de tallos de bambú, escurridos	1 cucharadita de jengibre molido
175 g de zanahorias cortadas en rodajas finas	150 g de anacardos tostados	1 diente de ajo chafado
		1 cucharadita de harina de maíz
		1 cucharada de pasta de tomate

1 Caliente un wok grande en seco, vierta el aceite y caliéntelo.

2 Saltee la carne junto con la cebolla durante 4-5 minutos, o hasta que la cebolla se empiece a ablandar y la carne, a dorar.

3 Con un cuchillo afilado, elimine los extremos del calabacín y córtelo en rodajas diagonales.

4 Incorpore en el wok la zanahoria, el pimiento y el calabacín, y saltee durante 5 minutos.

5 Añada la col china, los brotes de soja y los tallos de bambú, y saltee durante otros 2-3 minutos, o hasta que la verdura se empiece a ablandar.

6 Esparza los anacardos por encima del salteado.

7 Para la salsa, mezcle el jerez con la salsa de soja, el jengibre, el ajo, la harina de maíz y la pasta de tomate. Viértala sobre el salteado y agite para mezclar. Cuézalo durante otros 2-3 minutos, o hasta que el líquido se empiece a espesar.

8 Caliente unos cuencos individuales, reparta entre ellos el salteado y sírvalo inmediatamente.

Carnes rojas y blancas

Ensalada picante de buey salteado

Para 4 personas

INGREDIENTES

450 g de carne magra de buey (cuarto trasero)
2 dientes de ajo chafados
1 cucharadita de guindilla molida
½ cucharadita de sal

1 cucharadita de cilantro molido
1 aguacate maduro
30 ml de aceite de girasol
1 lata de 425 g de frijoles rojos, escurridos

175 g de tomates cereza partidos por la mitad
1 paquete grande de nachos
lechuga iceberg cortada en tiras
cilantro fresco picado, para adornar

1 Con un cuchillo afilado, corte la carne en tiras delgadas.

2 Ponga el ajo, la guindilla, la sal y el cilantro molido en un cuenco grande, y mezcle bien.

3 Reboce las tiras de carne con la mezcla, de modo que queden bien recubiertas.

4 Con un cuchillo afilado, pele el aguacate. Córtelo a lo largo y después a lo ancho para obtener pequeños dados.

5 Caliente un wok grande en seco, vierta el aceite y caliéntelo. Saltee la carne durante 5 minutos, removiendo.

6 Añada los frijoles, los tomates y el aguacate, y saltee durante 2 minutos.

7 Disponga un lecho de nachos y de tiras de lechuga por el borde de una fuente de servir, y coloque el salteado de carne en el centro. También puede servir los nachos y la lechuga por separado.

8 Decore la ensalada con el cilantro fresco y sírvala inmediatamente.

SUGERENCIA

Sirva el plato al momento, ya que el aguacate tiende a ennegrecerse muy rápidamente. Para evitarlo, una vez cortado en dados, rocíelo con un poco de limón.

Salteado de buey macerado con bambú y tirabeques

Para 4 personas

INGREDIENTES

350 g de carne magra de buey (cuarto trasero)	2 dientes de ajo chafados	2 cucharadas de aceite vegetal
3 cucharadas de salsa de soja oscura	1 cucharada de zumo de limón natural	175 g de tirabeques
1 cucharada de ketchup	1 cucharadita de cilantro molido	200 g de tallos de bambú
		1 cucharadita de aceite de sésamo

1. Con un cuchillo afilado, corte la carne en tiras delgadas.

2. Póngala en un plato que no sea metálico con la salsa de soja, el ketchup, el ajo, el zumo de limón y el cilantro molido. Mezcle bien, para que la carne quede totalmente impregnada, cúbrala y déjela macerar un mínimo de 1 hora.

3. Caliente un wok, vierta el aceite vegetal y caliéntelo. Saltee la carne entre 2 y 4 minutos (a su gusto) o hasta que esté cocida en su punto.

4. Incorpore los tirabeques y el bambú en el wok y saltee a fuego vivo, agitando con frecuencia, durante otros 5 minutos.

5. Rocíe con el aceite de sésamo y agite para mezclarlo todo bien.

6. Caliente cuencos individuales, reparta el salteado entre ellos y sírvalo inmediatamente.

SUGERENCIA

Deje macerar la carne como mínimo 1 hora para que absorba todo el sabor y quede más tierna. Si es posible, déjala algo más de tiempo, para que los sabores maduren bien.

Salteado de buey con cebollitas y azúcar de palma

Para 4 personas

INGREDIENTES

450 g de filete de buey
2 cucharadas de salsa de soja
1 cucharadita de aceite de guindilla
1 cucharada de pulpa de tamarindo

2 cucharadas de azúcar de palma o de Demerara
2 dientes de ajo chafados
2 cucharadas de aceite de girasol

225 g de cebollitas
2 cucharadas de cilantro fresco picado

1 Con un cuchillo afilado, corte la carne en tiras delgadas.

2 Coloque la carne en un bol grande y poco profundo, que no sea metálico.

3 Mezcle la salsa de soja con el aceite de guindilla, la pulpa de tamarindo, el azúcar de palma y el ajo.

4 Vierta la salsa sobre la carne. Remueva para impregnarla bien, cúbrala y déjela macerar durante un mínimo de 1 hora.

5 Caliente un wok, vierta el aceite de girasol y caliéntelo.

6 Pele las cebollitas y córtelas por la mitad. Saltéelas en el wok durante 2-3 minutos o hasta que empiecen a dorarse.

7 Incorpore la carne con su jugo de maceración en el wok y saltéelo todo junto a fuego vivo durante unos 5 minutos.

8 Esparza el cilantro por encima del salteado y sírvalo de inmediato.

SUGERENCIA

Utilice el aceite de guindilla con prudencia, ya es muy picante y puede estropear el plato.

Salteado de boniato, buey y salsa de coco

Para 4 personas

INGREDIENTES

2 cucharadas de aceite vegetal	1 cebolla cortada en rodajas	300 ml de leche de coco
350 g de carne de buey	350 g de boniatos	3 hojas de lima
2 dientes de ajo	2 cucharadas de pasta de curry rojo	arroz jazmín hervido

1 Caliente un wok en seco, vierta el aceite vegetal y caliéntelo.

2 Con un cuchillo afilado, corte la carne en tiras finas. Saltéela en el wok durante 2 minutos, o hasta que esté totalmente sellada.

3 Incorpore el ajo y la cebolla en el wok, y saltee durante otros 2 minutos.

4 Con un cuchillo afilado, pele los boniatos y córtelos en dados.

5 Añada el boniato al wok, junto con la pasta de curry, la leche de coco y las hojas de lima, y llévelo rápidamente a ebullición. Baje la temperatura y cuézalo a fuego lento 15 minutos, o hasta que el boniato esté tierno.

6 Retire las hojas de lima y disponga el salteado en cuencos individuales. Sírvalo caliente, acompañado con el arroz jazmín.

SUGERENCIA

Si no puede encontrar hojas de lima, utilice ralladura de lima.

SUGERENCIA

En la cocina tailandesa existen dos tipos principales de pastas de curry: la roja y la verde, una elaborada con guindillas rojas y la otra, con verdes.

Buey con guisantes y salsa de habichuelas negras

Para 4 personas
INGREDIENTES

450 g de carne de buey	2 dientes de ajo chafados	150 g de guisantes
2 cucharadas de aceite de girasol	1 bote de 160 g de salsa de habichuelas negras	150 g de col china cortada en tiras finas
1 cebolla		

1. Con un cuchillo afilado, retire la grasa que pueda tener la carne y córtela en tiras delgadas.

2. Caliente un wok, en seco, vierta el aceite de girasol y caliéntelo.

3. Saltee la carne en el wok durante 2 minutos.

4. Con un cuchillo afilado, pele la cebolla y córtela en rodajas.

5. Incorpore la cebolla, el ajo y los guisantes en el wok y saltee durante otros 5 minutos.

6. Agregue la salsa de habichuelas negras y la col china y saltee otros 2 minutos, o hasta que la col empiece a ablandarse.

7. Sirva el salteado de inmediato, en boles individuales calientes.

SUGERENCIA

La col china se compra en colmados orientales. Parece una lechuga de hoja larga, es de un verde claro, y las hojas son rugosas y apretadas.

SUGERENCIA

Intente encontrar una salsa de habichuelas con trocitos.

Salteado de buey al ajillo con semillas de sésamo y salsa de soja

Para 4 personas

INGREDIENTES

- 25 g de semillas de sésamo
- 450 g de filete de buey
- 2 cucharadas de aceite vegetal
- 1 pimiento verde, despepitado y cortado en rodajitas
- 4 dientes de ajo chafados
- 2 cucharadas de jerez seco
- 4 cucharadas de salsa de soja
- 6 cebolletas cortadas en rodajas
- fideos chinos, para acompañar

1 Caliente un wok grande al fuego.

2 Cuando esté muy caliente, saltee las semillas de sésamo, removiendo, 1 o 2 minutos, o hasta que se empiecen a dorar. Retírelas del wok y resérvelas.

3 Con un cuchillo afilado, corte la carne en tiras delgadas.

4 Caliente el aceite en el wok y saltee la carne durante 2-3 minutos o hasta que esté bien sellada.

5 Incorpore el pimiento y el ajo, y siga salteando durante 2 minutos.

6 Agregue el jerez y la salsa de soja, junto con la cebolleta, y saltee a fuego medio, removiendo varias veces, durante 1 minuto más.

7 Disponga el salteado en boles individuales calientes y espolvoréelo con las semillas de sésamo. Sírvalo caliente, acompañado con los fideos hervidos.

SUGERENCIA

Si le resulta más cómodo, puede poner las semillas de sésamo en una bandeja para el horno y tostarlas bajo el grill precalentado hasta que se doren.

Filete de cerdo salteado con salsa satay crujiente

Para 4 personas

INGREDIENTES

- 150 g de zanahorias
- 2 cucharadas de aceite de girasol
- 350 g de filete de aguja de cerdo cortado en tiras delgadas
- 1 cebolla cortada en rodajas
- 2 dientes de ajo chafados
- 1 pimiento amarillo, despepitado y cortado en rodajas
- 150 g de tirabeques
- 75 g de espárragos tiernos
- cacahuetes salados picados, para acompañar
- 6 cucharadas de crema de cacahuete crujiente
- 6 cucharadas de leche de coco
- 1 cucharadita de guindilla en copos
- 1 diente de ajo chafado
- 1 cucharadita de pasta de tomate

1 Con un cuchillo afilado, corte las zanahorias en juliana.

2 Caliente el aceite en un wok grande y saltee la carne, la cebolla y el ajo durante 5 minutos, o hasta que la carne esté cocida.

3 Añada la zanahoria, el pimiento, los tirabeques y los espárragos y saltee durante otros 5 minutos.

4 Para hacer la salsa, caliente en un cazo a fuego suave la crema de cacahuete con la leche de coco, la guindilla, el ajo y la pasta de tomate; remueva para que todo quede bien mezclado.

5 Disponga el salteado en platos individuales. Vierta salsa *satay* por encima y espolvoree con los cacahuetes picados. Sírvalo inmediatamente.

SUGERENCIA

Prepare la salsa justo antes de servirla, pues se espesa con rapidez; si se prepara con demasiada antelación puede solidificarse.

Carne de cerdo crujiente con arroz frito y huevo

Para 4 personas

INGREDIENTES

- 275 g de arroz de grano largo
- 600 ml de agua
- 350 g de solomillo de cerdo
- 2 cucharaditas de mezcla china de cinco especias
- 25 g de harina de maíz
- 3 huevos grandes batidos
- 25 g de azúcar de Demerara
- 2 cucharadas de aceite de girasol
- 1 cebolla
- 100 g de zanahorias cortadas en dados
- 2 dientes de ajo chafados
- 1 pimiento rojo, despepitado y cortado en dados
- 100 g de guisantes
- 15 g de mantequilla
- sal y pimienta

1. Lave el arroz bajo el chorro de agua fría. Póngalo en una cazuela grande, añada el agua (fría) y un poco de sal. Llévelo a ebullición, cúbralo, baje la temperatura y cuézalo durante unos 9 minutos, o hasta que el líquido se haya absorbido y el arroz esté cocido.

2. Mientras tanto, con un cuchillo afilado, corte el solomillo de cerdo en tiras muy delgadas. Resérvelo.

3. Mezcle el polvo de cinco especias con la harina de maíz, 1/3 del huevo y el azúcar. Impregne bien la carne con esta mezcla.

4. Caliente el aceite en un wok grande y fría la carne hasta que esté crujiente. Retírela del wok con una espumadera y resérvela.

5. Con un cuchillo afilado, pele la cebolla y córtela en dados.

6. Saltee en el wok la cebolla, el ajo, la zanahoria, el pimiento y los guisantes durante 5 minutos.

7. Vuelva a poner la carne en el wok, junto con el arroz hervido, y saltee otros 5 minutos.

8. Caliente la mantequilla en una sartén y cuaje el resto del huevo. Ponga la tortilla sobre una tabla y córtela en tiras finas. Incorpore las tiras de huevo en el salteado y sírvalo bien caliente.

Albóndigas de cerdo picantes

Para 4 personas

INGREDIENTES

- 450 g de carne de cerdo picada
- 2 chalotes finamente picados
- 2 dientes de ajo chafados
- 1 cucharadita de semillas de comino
- ½ cucharadita de guindilla en polvo
- 25 g de pan rallado integral
- 1 huevo batido
- 2 cucharadas de aceite de girasol
- 1 lata de 400 g de tomate triturado aromatizado con guindilla
- 2 cucharadas de salsa de soja
- 1 lata de 200 g de castañas de agua, escurridas
- 3 cucharadas de cilantro fresco picado

1. Ponga la carne picada en un cuenco grande. Añada el chalote, el ajo, las semillas de comino, la guindilla en polvo, el pan rallado y el huevo batido, y mézclelo todo bien.

2. Tome pequeñas porciones de mezcla con las manos y vaya dando forma a las albóndigas.

3. Caliente un wok grande, en seco, vierta el aceite y caliéntelo. Saltee las albóndigas a fuego vivo, en tandas, durante 5 minutos o hasta que estén selladas.

4. Ponga en el wok el tomate, la salsa de soja y las castañas de agua, y llévelo a ebullición. Añada las albóndigas, baje la temperatura y cuézalas a fuego lento 15 minutos.

5. Esparza el cilantro sobre las albóndigas y sírvalas calientes.

SUGERENCIA

Si no encuentra tomate aromatizado, añada un poco de salsa de guindilla a una lata de tomate normal.

SUGERENCIA

El cilantro, también llamado "perejil chino", tiene un sabor mucho más fuerte que esta hierba y se debe emplear con cuidado. El perejil no es un buen sustituto: si no encuentra cilantro, utilice albahaca.

Cerdo agridulce

Para 4 personas

INGREDIENTES

450 g de solomillo de cerdo	1 pimiento rojo, despepitado y cortado en rodajas	150 ml de zumo de piña
2 cucharadas de aceite de girasol	100 g de mazorquitas de maíz	1 cucharada de harina de maíz
225 g de calabacines	100 g de champiñones cortados por la mitad	2 cucharadas de salsa de soja
1 cebolla roja cortada en gajos finos	175 g de piña fresca, en dados	3 cucharadas de ketchup
2 dientes de ajo chafados	100 g de brotes de soja	1 cucharada de vinagre de vino blanco
225 g de zanahorias cortadas en juliana		1 cucharada de miel

1. Con un cuchillo afilado, corte el solomillo de cerdo en tiras delgadas.

2. Caliente un wok grande en seco, vierta el aceite y caliéntelo.

3. Saltee la carne en el wok durante 10 minutos, o hasta que esté bien cocida y se empiece a dorar por los bordes.

4. Mientras tanto, corte los calabacines en juliana.

5. Incorpore en el wok la cebolla, el ajo, la zanahoria, el calabacín, el pimiento, las mazorquitas y los champiñones, y saltee otros 5 minutos.

6. Añada los dados de piña y los brotes de soja y saltee durante 2 minutos.

7. Mezcle el zumo de piña con la harina de maíz, la salsa de soja, el ketchup, el vinagre y la miel.

8. Vierta la mezcla agridulce en el wok y saltee a fuego vivo, removiendo con frecuencia, hasta que se espese. Sirva el cerdo agridulce de inmediato, en boles individuales calientes.

SUGERENCIA

Si prefiere una carne más crujiente, rebócela con una mezcla de harina de maíz y clara de huevo y fríala en el wok en el paso 3.

Cerdo doblemente cocido con pimientos

Para 4 personas
INGREDIENTES

15 g de setas chinas deshidratadas	1 pimiento rojo, despepitado y cortado en dados	1 pimiento amarillo, despepitado y cortado en dados
450 g de chuletas de cerdo deshuesadas	1 pimiento verde, despepitado y cortado en dados	1 cebolla cortada en rodajas
2 cucharadas de aceite vegetal		4 cucharadas de salsa de ostras

1. Coloque las setas en un cuenco grande. Cúbralas con agua hirviendo y déjelas en remojo durante 20 minutos para que se ablanden.

2. Con un cuchillo afilado, elimine el exceso de grasa de las chuletas de cerdo. Córtelas en tiras delgadas.

3. En una cazuela grande, lleve agua a ebullición. Cueza la carne durante unos 5 minutos.

4. Retire la carne con una espumadera y deje que se escurra bien.

5. Caliente un wok grande en seco, vierta el aceite y caliéntelo. Saltee la carne durante unos 5 minutos.

6. Retire las setas del agua, deje que se escurran y a continuación trocéelas.

7. Incorpore en el wok las setas, los pimientos y la cebolla, y saltéelo todo junto 5 minutos.

8. Agregue la salsa de ostras y saltee durante otros 2-3 minutos. Disponga el salteado en boles individuales calientes y sírvalo de inmediato.

VARIACIÓN

Si lo prefiere, puede utilizar champiñones cortados en láminas en lugar de setas chinas.

Cerdo con mooli

Para 4 personas

INGREDIENTES

4 cucharadas de aceite vegetal	225 g de *mooli* (rábano blanco)	2 cucharadas de salsa de guindilla dulce
450 g de solomillo de cerdo	2 dientes de ajo chafados	
1 berenjena	3 cucharadas de salsa de soja	

1 Caliente 2 cucharadas de aceite vegetal en un wok grande caliente.

2 Con un cuchillo afilado, corte la carne en lonchas finas.

3 Saltee la carne en el wok durante unos 5 minutos.

4 Con un cuchillo afilado, corte los extremos de la berenjena; tírelos. Corte la berenjena en dados. Pele el *mooli* y córtelo en rodajas.

5 Vierta en el wok el resto del aceite.

6 Ponga en el wok los dados de berenjena, junto con el ajo, y saltéelo durante 5 minutos.

7 Añada el *mooli* y saltee otros 2 minutos.

8 Incorpore en la preparación las salsas de soja y de guindilla dulce, y deje el wok al fuego hasta que todo esté bien caliente; vaya removiendo.

9 Disponga la carne de cerdo con *mooli* en boles individuales calientes y sírvala al momento.

SUGERENCIA

El mooli (rábano blanco) es una hortaliza de color blanco y forma alargada que se utiliza en la cocina china. Se puede encontrar en supermercados orientales. Se suele utilizar rallado y su sabor es más suave que el del rábano rojo.

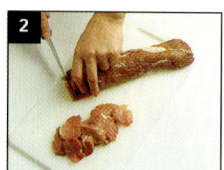

Cordero con salsa satay

Para 4 personas

INGREDIENTES

450 g de filete de lomo de cordero	½ cucharadita de guindilla en polvo	6 cucharadas de crema de cacahuete crujiente
1 cucharada de pasta de curry	½ cucharadita de comino	
150 ml de leche de coco	1 cucharada de aceite de maíz	1 cucharada de pasta de tomate
2 dientes de ajo chafados	1 cebolla cortada en dados	1 cucharadita de zumo de lima

1. Con un cuchillo afilado, corte la carne en lonchas estrechas. Colóquela en un cuenco grande.

2. En un bol, mezcle la pasta de curry con la leche de coco, el ajo, la guindilla y el comino.

3. Vierta la mezcla sobre la carne, remueva bien, cúbrala y déjela macerar durante 30 minutos.

4. Mientras tanto, prepare la salsa *satay*. Caliente el aceite en un wok grande. Saltee la cebolla 5 minutos; después, baje el fuego y rehóguela 5 minutos más.

5. Añada la crema de cacahuete, la pasta de tomate, el zumo de lima y 100 ml de agua fría; remueva para mezclar.

6. Ensarte la carne en brochetas de madera y reserve el jugo de la maceración.

7. Ase las brochetas de cordero bajo el grill caliente unos 6-8 minutos, dándoles la vuelta 1 vez.

8. Vierta el jugo de maceración en la salsa, y cuézala durante 5 minutos. Sirva las brochetas de cordero con la salsa *satay*.

SUGERENCIA

Deje las brochetas de madera en remojo media hora antes de ensartar la carne; así evitará que se quemen durante el asado.

Salteado de cordero con salsa de habichuelas negras y pimientos variados

Para 4 personas

INGREDIENTES

450 g de carne de cordero (lomo o chuletas deshuesadas)	3 cucharadas de aceite de girasol	1 pimiento amarillo, despepitado y cortado en rodajas
1 clara de huevo ligeramente batida	1 cebolla roja	5 cucharadas de salsa de habichuelas negras
25 g de harina de maíz	1 pimiento rojo, despepitado y cortado en rodajas	arroz blanco o fideos chinos, para acompañar
1 cucharadita de mezcla china de cinco especias	1 pimiento verde, despepitado y cortado en rodajas	

1 Con un cuchillo afilado, corte la carne en tiras delgadas.

2 Mezcle la clara de huevo con la harina de maíz y el polvo de cinco especias en un cuenco grande. Reboce las tiras de carne con la mezcla de modo que queden bien recubiertas.

3 Caliente el aceite en un wok grande caliente. Saltee la carne a fuego vivo durante 5 minutos, o hasta que se dore por los bordes.

4 Con un cuchillo afilado, corte la cebolla en rodajas. Incorpore en el wok los pimientos y la cebolla, y saltee 5-6 minutos, o hasta que se empiecen a ablandar.

5 Vierta la salsa de habichuelas negras en el wok y caliéntelo todo bien.

6 Disponga el salteado en platos individuales calientes, acompañado con arroz o fideos recién hervidos.

SUGERENCIA

Vaya con cuidado al saltear la carne, ya que el rebozado puede hacer que se pegue. No deje de remover durante todo el proceso.

Carnes rojas y blancas

Salteado de cordero y cebolleta con salsa de ostras

Para 4 personas

INGREDIENTES

450 g de paletilla de cordero	1 cucharada de aceite de cacahuete	2 cucharadas de salsa de soja oscura
1 cucharadita de pimienta de Sichuan en grano	2 dientes de ajo chafados	6 cucharadas de salsa de ostras
	8 cebolletas cortadas en rodajas	175 g de col china

1 Con un cuchillo afilado, retire el exceso de grasa que pueda tener la carne y córtela en tiras delgadas.

2 Espolvoree la carne con los granos de pimienta de Sichuan y mezcle bien.

3 Caliente un wok, vierta el aceite y caliéntelo. Saltee la carne durante 5 minutos.

4 Mezcle el ajo con la cebolleta y la salsa de soja, incorpórelo en el wok y saltee 2 minutos.

5 Agregue la salsa de ostras y la col china, y saltee otros 2 minutos, o hasta que las hojas empiecen a ablandarse y el líquido forme burbujas.

6 Sirva el salteado en cuencos calientes, con pan de gambas.

SUGERENCIA

El pan de gambas se hace con carne de gamba y una pasta a base de harina, todo ello seco. Al freírlo, se hincha enseguida.

SUGERENCIA

La salsa de ostras se elabora con ostras cocidas en agua con sal y salsa de soja. Se vende embotellada y se conserva varios meses en la nevera.

Cordero salteado al curry con dados de patata

Para 4 personas

INGREDIENTES

450 g de patatas cortadas en dados	3 cucharadas de aceite de girasol	1 cucharada de jengibre rallado
450 g de carne magra de cordero, cortada en dados	1 cebolla cortada en rodajas	150 ml de caldo de cordero o buey
2 cucharadas de pasta de curry rojo	1 berenjena cortada en dados	2 cucharadas de cilantro fresco picado
	2 dientes de ajo chafados	

1. Hierva las patatas en agua ligeramente salada durante 10 minutos. Retírelas con una espumadera y escúrralas.

2. Mientras tanto, ponga la carne de cordero en un cuenco grande. Añada la pasta de curry y mezcle para impregnar bien la carne.

3. Caliente un wok grande, vierta el aceite de girasol y caliéntelo bien.

4. Saltee la cebolla junto con la berenjena, el ajo y el jengibre, 5 minutos.

5. Incorpore la carne aderezada en el wok y saltee durante otros 5 minutos.

6. Agregue al salteado el caldo y las patatas sancochadas, llévelo a ebullición y después déjelo cocer a fuego lento durante 30 minutos, o hasta que la carne esté tierna y totalmente cocida.

7. Disponga el salteado en platos individuales calientes y espolvoréelo con el cilantro fresco. Sírvalo inmediatamente.

CURIOSIDAD

El wok es un invento chino muy antiguo; su nombre procede del cantonés y significa "recipiente para cocinar".

Cordero al aroma de ajo con salsa de soja

Para 4 personas

INGREDIENTES

450 g de filete de lomo de cordero	3 cucharadas de jerez seco o de vino de arroz	1 cucharadita de harina de maíz
2 dientes de ajo		2 cucharadas de agua fría
2 cucharadas de aceite de cacahuete	3 cucharadas de salsa de soja oscura	25 g de mantequilla

1 Con un cuchillo afilado, haga pequeñas incisiones en la carne de cordero.

2 Con cuidado, pele los ajos y córtelos en rodajitas con un cuchillo bien afilado.

3 Introduzca las láminas de ajo en las incisiones de la carne. Colóquela en un plato llano.

4 Rocíe la carne con 1 cucharada de cada de aceite, jerez y salsa de soja; cúbrala y déjela macerar un mínimo de 1 hora, o, mejor, toda la noche.

5 Con un cuchillo, corte la carne macerada en tiras delgadas.

6 Caliente un wok grande, vierta el resto del aceite y caliéntelo. Saltee la carne 5 minutos.

7 Añada el jugo de maceración y el resto del jerez y la salsa de soja, y cuézalo a fuego moderado durante 5 minutos.

8 Deslía la harina de maíz en agua fría. Viértala en el wok y déjelo al fuego, removiendo de vez en cuando, hasta que la salsa se empiece a espesar.

9 Corte la mantequilla en trocitos. Añádala al wok y remueva hasta que se derrita. Sirva el guiso inmediatamente, en platos individuales calientes.

SUGERENCIA

Al añadir la mantequilla en el último momento, la salsa queda más suculenta, y de un tono brillante.

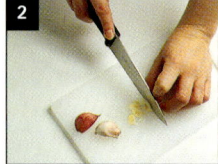

Cordero tailandés con hojas de lima

Para 4 personas
INGREDIENTES

2 guindillas rojas tailandesas	6 hojas de lima	600 ml de leche de coco
2 cucharadas de aceite de cacahuete	1 cucharada de pulpa de tamarindo	175 g de tomates cereza, cortados por la mitad
2 dientes de ajo chafados	25 g de azúcar de palma	1 cucharada de cilantro fresco picado
4 chalotes picados	450 g de carne magra de cordero (paletilla o lomo)	arroz tailandés, para acompañar
2 tallos de citronela, en rodajitas		

1 Con un cuchillo afilado, retire las semillas de las guindillas y píquelas finas.

2 Caliente un wok en seco, vierta el aceite y caliéntelo bien.

3 Saltee durante 2 minutos el ajo, el chalote, la citronela, las hojas de lima, la pulpa de tamarindo, el azúcar de palma y la guindilla.

4 Con un cuchillo afilado, corte la carne en tiras finas o en dados

5 Saltee la carne en el wok durante 5 minutos, agitando bien para que quede recubierta con la mezcla de especias.

6 Vierta la leche de coco sobre el cordero y llévelo a ebullición. Baje la temperatura y cuézalo a fuego lento durante 20 minutos.

7 Incorpore los tomates cereza y el cilantro fresco picado, y cuézalo otros 5 minutos. Sirva el cordero bien caliente en platos individuales, acompañado con el arroz tailandés.

SUGERENCIA

Las limas tailandesas, también conocidas como makut, *difieren de la variedad común porque las hojas son muy aromáticas y el fruto parece una bolita nudosa. Las hojas se usan para dar sabor a los platos.*

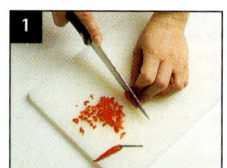

Carnes rojas y blancas

Cordero salteado con naranja

Para 4 personas
INGREDIENTES

450 g de carne picada de cordero
2 dientes de ajo chafados
1 cucharadita de semillas de comino
1 cucharadita de cilantro molido

1 cebolla roja cortada en rodajas
la ralladura fina y el zumo de
   1 naranja
2 cucharadas de salsa de soja

1 naranja pelada y dividida en gajos
sal y pimienta
cebollino fresco picado, para
   decorar

1 Ponga la carne picada de cordero en un wok caliente. Saltéela sin aceite durante 5 minutos, o hasta que esté dorada. Escurra el exceso de grasa que pueda quedar en el wok.

2 Añada el ajo, las semillas de comino, el cilantro y la cebolla, y saltee otros 5 minutos.

3 Incorpore en el wok la ralladura de naranja y la salsa de soja, tápelo, baje la temperatura y cuézalo a fuego lento durante 15 minutos, removiendo de vez en cuando.

4 Destape el wok, suba el fuego, añada los gajos de naranja, salpimente al gusto y prolongue la cocción otros 2-3 minutos.

5 Sirva el salteado inmediatamente, en platos individuales calientes y adornado con el cebollino.

VARIACIÓN

Utilice ralladura y zumo de lima o limón en lugar de naranja.

SUGERENCIA

Si desea servir vino con la comida, escoja un blanco seco y ligero o un tinto ligero tipo borgoña, pues ambos acompañan bien la comida oriental.

Carnes rojas y blancas

Hígado de cordero con pimiento verde al jerez

Para 4 personas

INGREDIENTES

- 450 g de hígado de cordero
- 3 cucharadas de harina de maíz
- 2 cucharadas de aceite de cacahuete
- 1 cebolla cortada en rodajas
- 2 dientes de ajo chafados
- 2 pimientos verdes, despepitados y cortados en rodajas
- 2 cucharadas de pasta de tomate
- 3 cucharadas de jerez seco
- 2 cucharadas de salsa de soja

1 Con un cuchillo afilado, recorte el exceso de grasa del hígado de cordero y córtelo en tiras delgadas.

2 Ponga 2 cucharadas de harina de maíz en un cuenco grande.

3 Reboce bien el hígado con la harina de maíz, de modo que quede recubierto por todos los lados.

4 Caliente un wok en seco, vierta el aceite y caliéntelo bien.

5 Saltee el hígado junto con la cebolla, el ajo y el pimiento, durante unos 6-7 minutos o hasta que el hígado esté hecho y las verduras, tiernas.

6 Mezcle en un cuenco la pasta de tomate con el jerez, 1 cucharada de harina de maíz y la salsa de soja. Agregue la mezcla al wok y rehogue durante 2 minutos más, hasta que la salsa se espese. Sirva el plato de inmediato, en boles individuales calientes.

VARIACIÓN

Si desea obtener un sabor más oriental, en lugar de jerez use vino de arroz chino. Éste se elabora con arroz glutinoso y se conoce como "vino amarillo" por su color dorado. La mejor variedad procede del sudeste de China y se llama shao hsing *o* shaoxing.

Pescado y marisco

En todos los países del Lejano Oriente el pescado y el marisco tienen un papel estelar en la dieta, pues se dispone de ellos en abundancia y resultan muy saludables. El pescado y el marisco se pueden cocinar en un wok de distintas maneras: al vapor, fritos o salteados, aderezados con una amplia variedad de deliciosas especias y salsas.

Japón es famoso por el sashimi o pescado crudo, pero ésta es sólo una de las muchas preparaciones de platos de pescado. El pescado y el marisco aparecen en todas las comidas japonesas, muchas veces preparados en un wok. En este capítulo se presentan muchos platos inusuales y sabrosos, que combinan el pescado y el marisco con hierbas aromáticas y especias, cremas y salsas.

Al comprar pescado y marisco, hay que tener en cuenta que la frescura es el factor más importante. Por lo tanto, compre los más frescos y utilícelos cuanto antes, preferiblemente el mismo día.

Salmón salteado teriyaki con puerro dorado

Para 4 personas

INGREDIENTES

450 g de filetes de salmón, sin piel	1 cucharadita de vinagre de arroz	4 cucharadas de aceite de maíz
2 cucharadas de salsa de soja	1 cucharada de azúcar de Demerara	450 g de puerros, en tiras finas
2 cucharadas de ketchup	1 diente de ajo chafado	guindillas rojas picadas muy finas

1 Con un cuchillo afilado, corte el salmón en tiras. Colóquelo en un plato llano que no sea metálico.

2 Mezcle la salsa de soja con el ketchup, el vinagre de vino de arroz, el azúcar y el ajo.

3 Vierta la mezcla sobre el salmón, úntelo bien y déjelo macerar durante unos 30 minutos.

4 Mientras tanto, caliente 3 cucharadas de aceite de maíz en un wok grande caliente.

5 Ponga el puerro en el wok y saltéelo a fuego medio durante 10 minutos, o hasta que esté tierno y dorado.

6 Con una espumadera, retire el puerro del wok y dispóngalo en los platos para servir calientes.

7 Ponga el resto del aceite en el wok, y después el salmón con su líquido de maceración, y saltee 2 minutos. Coloque el pescado sobre el puerro, aderece con la guindilla y sirva de inmediato.

VARIACIÓN

Si lo prefiere, puede utilizar filete de buey en lugar de salmón.

Salmón salteado con piña

Para 4 personas

INGREDIENTES

100 g de mazorquitas de maíz	1 pimiento verde, despepitado y cortado en rodajas	100 g de brotes de soja
2 cucharadas de aceite de girasol	450 g de filete de salmón, sin piel	2 cucharadas de ketchup
1 cebolla roja cortada en rodajas	1 cucharada de pimentón	2 cucharadas de salsa de soja
1 pimiento naranja, despepitado y cortado en rodajas	1 lata de 225 g de trozos de piña, escurridos	2 cucharadas de jerez semiseco
		1 cucharadita de harina de maíz

1 Con un cuchillo afilado, corte las mazorquitas a lo largo.

2 Caliente un wok grande en seco, vierta el aceite de girasol y caliéntelo. Añada la cebolla, los pimientos y las mazorquitas y saltee durante 5 minutos.

3 Aclare el filete de salmón con agua corriente fría y séquelo con papel absorbente.

4 Corte el salmón en tiras finas y colóquelas en un cuenco grande. Espolvoree el pescado con el pimentón, procurando que quede bien distribuido.

5 Ponga el salmón en el wok con la piña y saltee durante 2-3 minutos, o hasta que el pescado esté tierno.

6 Incorpore los brotes de soja y agite bien.

7 Mezcle el ketchup con la salsa de soja, el jerez y la harina de maíz. Vierta la mezcla en el wok y saltee hasta que la salsa se empiece a espesar. Sirva el salteado de inmediato, en platos calientes.

VARIACIÓN

Si lo prefiere, puede utilizar filetes de trucha en lugar de salmón.

Salteado de atún fresco y verduras

Para 4 personas

INGREDIENTES

225 g de zanahorias	175 g de mazorquitas de maíz cortadas a lo largo	15 g de azúcar de palma
2 cucharadas de aceite de maíz	2 cucharadas de salsa de pescado	2 cucharadas de jerez
1 cebolla cortada en rodajas	la ralladura fina y el zumo de 1 naranja	1 cucharadita de harina de maíz
175 g de tirabeques		arroz o fideos chinos, para acompañar
450 g de atún fresco		

1. Con un cuchillo afilado, corte las zanahorias en juliana.

2. Caliente el aceite en un wok grande caliente.

3. Saltee en el wok la cebolla junto con la zanahoria, los tirabeques y las mazorquitas, durante 5 minutos.

4. Con un cuchillo afilado, corte el atún en tiras delgadas.

5. Saltee el pescado durante 2-3 minutos, o hasta que se vuelva opaco.

6. Mezcle la salsa de pescado con el azúcar de palma, la ralladura y el zumo de naranja, el jerez y la harina de maíz.

7. Vierta la salsa sobre el atún y las verduras y saltee 2 minutos, o hasta que espese.

VARIACIÓN

Se puede usar pez espada en lugar de atún. No resulta difícil encontrarlo, y su textura es parecida a la del atún.

SUGERENCIA

El azúcar de palma es grueso y oscuro, y sabe a caramelo. Se vende prensado en pastillas redondas o en pequeños envases planos y redondos.

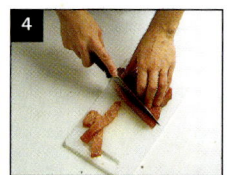

Pescado y marisco

Bacalao fresco salteado con mango

Para 4 personas

INGREDIENTES

- 175 g de zanahorias
- 2 cucharadas de aceite vegetal
- 1 cebolla roja cortada en rodajas
- 1 pimiento rojo, despepitado y cortado en rodajas
- 1 pimiento verde, despepitado y cortado en rodajas
- 450 g de filete de bacalao fresco, sin piel
- 1 mango maduro
- 1 cucharadita de harina de maíz
- 1 cucharada de salsa de soja
- 100 ml de zumo de frutas tropicales
- 1 cucharada de zumo de lima
- 1 cucharada de cilantro fresco picado

1 Con un cuchillo afilado, corte las zanahorias en juliana.

2 Caliente un wok grande, vierta el aceite vegetal y caliéntelo.

3 Saltee la cebolla junto con la zanahoria y los pimientos, durante unos 5 minutos.

4 Con un cuchillo afilado, corte el bacalao en dados pequeños.

5 Pele el mango y, con cuidado, retire el hueso. Corte la pulpa en rodajitas.

6 Incorpore el bacalao y el mango en el wok y saltee otros 4-5 minutos, o hasta que el pescado esté cocido. No remueva demasiado, porque se podría deshacer.

7 En un bol pequeño, deslía la harina de maíz con la salsa de soja, el zumo de frutas y el de lima.

8 Vierta la mezcla sobre la preparación y déjela al fuego hasta que la salsa se espese y se formen burbujas. Esparza el cilantro por encima del salteado y sírvalo de inmediato.

VARIACIÓN

Si lo prefiere, puede utilizar papaya en lugar de mango.

Rape salteado al jengibre

Para 4 personas

INGREDIENTES

450 g de rape	2 cucharaditas de salsa de guindilla dulce	100 g de espárragos tiernos
1 cucharada de jengibre fresco rallado	1 cucharada de aceite de maíz	3 cebolletas cortadas en rodajas
		1 cucharadita de aceite de sésamo

1. Con un cuchillo afilado, corte el rape en lonchas delgadas.

2. En un cuenco pequeño, mezcle el jengibre con la salsa de guindilla.

3. Pinte los trozos de rape con la mezcla de jengibre y guindilla.

4. Caliente un wok grande en seco, vierta el aceite de maíz y caliéntelo.

5. Saltee el rape, los espárragos y la cebolleta en el wok, durante unos 5 minutos.

6. Retire el wok del fuego, rocíe el salteado con el aceite de sésamo y agite bien para mezclar.

7. Disponga el salteado en platos individuales calientes y sírvalo de inmediato.

VARIACIÓN

El rape es bastante caro, pero tanto por sabor como por textura merece la pena utilizarlo para esta delicada receta. Si no dispone de él, también puede utilizar filete de bacalao fresco.

SUGERENCIA

Para rallar el jengibre, en primer lugar hay que pelarlo. Al rallarlo, hay que sujetarlo con firmeza en un ángulo de 45° y rasparlo con la parte fina de un rallador, o bien utilizar un rallador especial para jengibre de madera o cerámica.

Salteado de pescado

Para 4 personas

INGREDIENTES

- 3-4 setas chinas pequeñas secas
- 300-350 g de filetes de pescado
- 1 cucharadita de sal
- ½ clara de huevo ligeramente batida
- 1 cucharadita de pasta de harina de maíz
- 600 ml de aceite vegetal
- 2 cebolletas picadas finas
- 1 cucharadita de jengibre fresco picado fino
- 1 diente de ajo picado fino
- ½ pimiento verde, despepitado y cortado en dados pequeños
- ½ zanahoria pequeña, en rodajitas
- 60 g de tallos de bambú en conserva, lavados y escurridos
- ½ cucharadita de azúcar
- 1 cucharada de salsa de soja clara
- 1 cucharadita de vino de arroz o jerez seco
- 1 cucharada de salsa de guindilla
- 2-3 cucharadas de caldo chino o agua
- unas gotas de aceite de sésamo

1 Deje las setas secas en remojo en agua caliente 30 minutos. Escúrralas bien, reservando el líquido, y deje que se sequen sobre papel absorbente. Apriete las setas para eliminar el exceso de humedad, corte y deseche los tallos duros y parta los sombreros en láminas finas.

2 Corte el pescado en trocitos, colóquelo en un plato llano y añada una pizca de sal, la clara de huevo y la pasta de harina de maíz; mezcle bien para que quede totalmente recubierto.

3 Caliente el aceite en un wok caliente. Saltee el pescado durante 1 minuto. Retírelo con una espumadera y deje que se escurra sobre papel de cocina.

4 Retire el aceite del wok, dejando 1 cucharada. Saltee unos segundos el jengibre, la cebolleta y el ajo, para aromatizar el aceite, e incorpore el pimiento, la zanahoria, las setas y el bambú; saltee durante 1 minuto.

5 Añada el azúcar, la salsa de soja, el vino, la salsa de guindilla, el caldo o el agua y el resto de la sal, y llévelo a ebullición. Incorpore los trozos de pescado, remueva para que queden bien recubiertos con la salsa y saltee durante 1 minuto más.

6 Rocíe el salteado con el aceite de sésamo y sírvalo.

Pescado y marisco

Pescado frito con coco y albahaca

Para 4 personas

INGREDIENTES

2 cucharadas de aceite vegetal	1 diente de ajo chafado	300 ml de leche de coco
450 g de filete de bacalao fresco, sin piel	2 cucharadas de pasta de curry rojo tailandés	175 g de tomates cereza
25 g de harina sazonada	1 cucharada de salsa de pescado	20 hojas de albahaca fresca
		arroz aromático, para acompañar

1 Caliente un wok grande, vierta el aceite vegetal y caliéntelo.

2 Con un cuchillo afilado, corte el pescado en trozos grandes, y si hay alguna espina extráigala con unas pinzas.

3 Ponga la harina sazonada en un cuenco y reboce los trozos de pescado.

4 Saltee el pescado enharinado en el wok, a fuego vivo, durante unos 3-4 minutos o hasta que empiece a dorarse por los bordes.

5 Mezcle el ajo con la pasta de curry, la salsa de pescado y la leche de coco. Viértalo sobre el pescado y llévelo a ebullición.

6 Incorpore los tomates partidos por la mitad y siga cociendo a fuego suave otros 5 minutos.

7 Corte la albahaca en trozos. Espárzala sobre la preparación y remueva para mezclar bien, con cuidado de que el pescado no se desmenuce.

8 Sirva el salteado acompañado con arroz aromático hervido.

SUGERENCIA

No prolongue en exceso la cocción después de añadir los tomates, porque se desharían y la piel se desprendería.

Pescado y marisco

Gambas al coco

Para 4 personas

INGREDIENTES

50 g de coco rallado (seco)	½ cucharadita de sal	aceite de girasol o de maíz,
25 g de pan rallado	la ralladura fina de 1 lima	para freír
1 cucharadita de mezcla china	1 clara de huevo	gajos de limón, para decorar
de cinco especias	450 g de gambas	

1 En un bol, mezcle el coco con el pan rallado, el polvo chino de cinco especias, la sal y la ralladura de lima.

2 En otro recipiente, bata ligeramente la clara de huevo.

3 Lave las gambas bajo el chorro de agua fría y séquelas con papel de cocina.

4 Pase las gambas por la clara de huevo y a continuación rebócelas con la preparación de coco y pan rallado, procurando que queden bien recubiertas por todos los lados.

5 Caliente un wok grande, vierta 3 dedos de aceite de girasol o de maíz y caliéntelo.

6 Fría las gambas durante 5 minutos, o hasta que estén doradas y crujientes.

7 Retire las gambas con una espumadera y deje que se escurran sobre papel absorbente.

8 Reparta las gambas rebozadas entre los platos para servir que previamente habrá calentado, y coloque los gajos de limón de forma decorativa. Sirva inmediatamente.

SUGERENCIA

Si lo desea, sirva las gambas con una salsa de soja o de guindilla.

Pescado y marisco

Tortilla de gambas

Para 4 personas

INGREDIENTES

2 cucharadas de aceite de girasol
4 cebolletas cortadas en rodajitas
350 g de gambas peladas

100 g de brotes de soja
1 cucharadita de harina de maíz

1 cucharada de salsa de soja clara
6 huevos

1 Caliente el aceite de girasol en un wok grande caliente.

2 Con un cuchillo afilado, corte el tallo de las cebolletas en juliana.

3 Ponga en el wok las gambas junto con la cebolleta y los brotes de soja, y saltee durante 2 minutos.

4 En un bol pequeño, deslía la harina de maíz con la salsa de soja.

5 Bata los huevos con 3 cucharadas de agua fría y mézclelo con la harina de maíz y la salsa de soja.

6 Vierta el huevo así preparado en el wok y haga la tortilla 5-6 minutos, hasta que cuaje.

7 Disponga la tortilla en una fuente y córtela en cuartos para servirla.

SUGERENCIA

Para esta receta, los brotes de soja deben utilizarse frescos, ya que los de lata no tienen la textura crujiente necesaria.

VARIACIÓN

Si lo desea, en el paso 3 puede añadir cualquier otra verdura de su elección, como zanahoria rallada o guisantes cocidos.

Pescado y marisco

Gambas con salsa de tomate y especias

Para 4 personas

INGREDIENTES

2 cucharadas de aceite de maíz
1 cebolla
2 dientes de ajo chafados
1 cucharadita de semillas de comino

1 cucharada de azúcar de Demerara
1 lata de 400 g de tomate triturado
1 cucharada de pasta de tomates secados al sol

1 cucharada de albahaca fresca picada
450 g de gambas grandes peladas
sal y pimienta

1 Caliente el aceite de maíz en un wok grande caliente.

2 Con un cuchillo afilado, pique la cebolla bien fina.

3 Saltee en el wok la cebolla y el ajo, durante 2 minutos o hasta que se ablanden.

4 Agregue el comino y saltee 1 minuto.

5 Incorpore el azúcar, el tomate triturado y la pasta de tomate. Llévelo a ebullición, y después cueza la salsa a fuego lento durante 10 minutos.

6 Incorpore la albahaca y las gambas y salpimente al gusto. Suba el fuego y cuézalo durante 2-3 minutos más, o hasta que las gambas estén totalmente cocidas. Sirva el plato en boles calientes, de inmediato.

SUGERENCIA

Para evitar que los alimentos se peguen, caliente siempre el wok antes de iniciar la cocción.

SUGERENCIA

La pasta de tomates secados al sol tiene un sabor mucho más intenso que la normal y aporta su toque distintivo a cualquier receta que incorpore tomate.

Pescado y marisco

Gambas con jengibre crujiente

Para 4 personas

INGREDIENTES

1 trozo de jengibre fresco de 5 cm	100 g de guisantes congelados	1 cucharadita de mezcla china
aceite para freír	100 g de brotes de soja	de cinco especias
1 cebolla cortada en dados	450 g de gambas grandes,	1 cucharada de pasta de tomate
225 g de zanahorias, en dados	peladas	1 cucharada de salsa de soja

1 Con un cuchillo afilado, pele el jengibre y córtelo en juliana muy fina.

2 Caliente dos dedos de aceite en un wok grande caliente.

3 Fría el jengibre en el wok durante 1 minuto, o hasta que esté crujiente. Retírelo con una espumadera y deje que se escurra sobre papel absorbente. Resérvelo.

4 Retire casi todo el aceite del wok, dejando sólo unas 2 cucharadas.

5 Saltee en el wok la cebolla junto con la zanahoria, durante unos 5 minutos.

6 Añada los guisantes y los brotes de soja, y saltee 2 minutos más.

7 Lave las gambas bajo el chorro de agua fría y séquelas bien con papel de cocina.

8 En un cuenco, mezcle el polvo chino de cinco especias con la pasta de tomate y la salsa de soja. Unte bien las gambas con la mezcla.

9 Incorpore las gambas en el wok y saltee 2 minutos más, o hasta que estén totalmente cocidas. Disponga el salteado en un cuenco para servir caliente y adórnelo con el jengibre crujiente reservado. Sírvalo inmediatamente.

VARIACIÓN

Si lo desea, puede utilizar trocitos de pescado blanco en lugar de gambas.

Gambas con verduras y huevo

Para 4 personas

INGREDIENTES

225 g de calabacines	1 cebolla cortada en rodajas	1 pizca de mezcla china de cinco
3 cucharadas de aceite vegetal	150 g de brotes de soja	especias
2 huevos	225 g de gambas peladas	25 g de cacahuetes picados
225 g de zanahoria rallada	2 cucharadas de salsa de soja	2 cucharadas de cilantro picado

1 Ralle los calabacines bien finos.

2 Caliente 1 cucharada de aceite en un wok grande caliente.

3 Bata los huevos con 2 cucharadas de agua fría. Vierta la mezcla en el wok y hágala 2-3 minutos, o hasta que cuaje.

4 Retire la tortilla del wok y póngala sobre una tabla de cortar limpia. Dóblela, córtela en tiras finas y resérvela hasta que la necesite.

5 Ponga el resto del aceite en el wok y saltee la zanahoria con la cebolla y el calabacín durante 5 minutos.

6 Incorpore los brotes de soja y las gambas, y saltéelo todo junto otros 2 minutos, o hasta que las gambas estén bien calientes.

7 Agregue la salsa de soja, la mezcla de cinco especias y los cacahuetes, así como las tiras de tortilla, y caliéntelo todo bien. Adorne las gambas con verduras con el cilantro picado y sírvalas de inmediato.

SUGERENCIA

Al batir el huevo, se añade agua para que la tortilla tenga una consistencia más ligera.

Pescado y marisco

Pinzas de cangrejo salteadas con guindilla

Para 4 personas
INGREDIENTES

700 g de pinzas de cangrejo
1 cucharada de aceite de maíz
2 dientes de ajo chafados
1 cucharada de jengibre fresco rallado

3 guindillas rojas, despepitadas y picadas finas
2 cucharadas de salsa de guindilla dulce
3 cucharadas de ketchup

300 ml de caldo de pescado frío
1 cucharada de harina de maíz
sal y pimienta
1 cucharada de cebollino fresco picado

1 Con un cascanueces, rompa con cuidado la cáscara de las pinzas, para que los sabores de la guindilla, el ajo y el jengibre penetren en la carne.

2 Caliente un wok, vierta el aceite y caliéntelo.

3 Saltee en el wok las pinzas de cangrejo, durante 5 minutos.

4 Incorpore en el wok el ajo, el jengibre y la guindilla, y saltee 1 minuto, removiendo y dando la vuelta varias veces a las pinzas de cangrejo.

5 En un bol pequeño, mezcle la salsa de guindilla con el ketchup, el caldo de pescado y la harina de maíz.

6 Vierta la mezcla en el wok y cuézalo todo junto, removiendo de vez en cuando, hasta que la salsa se empiece a espesar. Salpimente al gusto.

7 Disponga las pinzas de cangrejo en platos individuales calientes, vierta la salsa por encima y espolvoree generosamente con el cebollino picado. Sírva de inmediato.

SUGERENCIA

Si no encuentra pinzas de cangrejo, puede utilizar un cangrejo entero cortado en 8 trozos.

Pescado y marisco

Col china con setas shiitake y carne de cangrejo

Para 4 personas

INGREDIENTES

225 g de setas *shiitake*
2 cucharadas de aceite vegetal
2 dientes de ajo chafados
6 cebolletas cortadas en rodajas

1 col china cortada en tiras finas
1 cucharada de pasta de curry no demasiado picante
6 cucharadas de leche de coco

1 lata de 200 g de carne blanca de cangrejo, escurrida
1 cucharadita de guindilla en copos

1 Con un cuchillo afilado, corte las setas en láminas.

2 Caliente un wok en seco, vierta el aceite vegetal y caliéntelo.

3 Saltee en el wok las setas y el ajo, durante 3 minutos o hasta que las setas se hayan ablandado.

4 Incorpore la cebolleta y la col china, y saltee hasta que la col se ablande.

5 En un bol pequeño, mezcle la pasta de curry con la leche de coco.

6 Incorpore esta mezcla en el wok, junto con la carne de cangrejo y los copos de guindilla. Mézclelo todo bien y déjelo cocer hasta que el líquido empiece a burbujear.

7 Distribuya el salteado entre los cuencos individuales para servir calientes, y llévelos de inmediato a la mesa.

SUGERENCIA

Las setas shiitake *se pueden encontrar en la sección de verduras de la mayoría de los grandes supermercados.*

Lechuga salteada con mejillones y citronela

Para 4 personas

INGREDIENTES

1 kg de mejillones, limpios	2 cucharadas de zumo de limón	1 lechuga iceberg
2 tallos de citronela cortados en rodajitas finas	100 ml de agua	la ralladura fina de 1 limón
	25 g de mantequilla	2 cucharadas de salsa de ostras

1. Ponga los mejillones en una cazuela grande.

2. Añada la citronela, el zumo de limón y el agua, cubra la cazuela con una tapa que ajuste bien y cuézalos 5 minutos o hasta que se abran. Deseche todos los que no se hayan abierto.

3. Con un tenedor, retire cuidadosamente los mejillones de las valvas.

4. Caliente la mantequilla en un wok grande caliente.

5. Ponga la lechuga y la ralladura de limón en el wok y saltee durante 2 minutos, o hasta que empiece a ablandarse.

6. Agregue la salsa de ostras y los mejillones, remueva y caliéntelo bien. Sírvalo inmediatamente.

SUGERENCIA

La citronela, de aroma cítrico y sabor a limón, parece una cebolleta y se utiliza habitualmente en la cocina tailandesa.

SUGERENCIA

Si utiliza mejillones frescos, descarte los que estén abiertos antes de limpiarlos, y los que no se hayan abierto durante la cocción.

Pescado y marisco

Mejillones con espinacas y salsa de habichuelas negras

Para 4 personas

INGREDIENTES

350 g de puerros	2 cucharadas de aceite vegetal	50 g de tallos de bambú de lata
350 g de mejillones de roca cocidos, sin valvas	2 dientes de ajo chafados	175 g de espinacas tiernas
1 cucharada de semillas de comino	1 pimiento rojo, despepitado y cortado en rodajas	1 bote de 160 g de salsa de habichuelas negras

1 Con un cuchillo afilado, corte el tallo de los puerros en juliana fina.

2 En un cuenco, espolvoree los mejillones con el comino y mezcle para recubrirlos bien.

3 Caliente el aceite vegetal en un wok grande caliente.

4 Saltee el puerro, el ajo y el pimiento rojo durante 5 minutos, o hasta que estén tiernos.

5 Añada el bambú escurrido, las espinacas y los mejillones cocidos, y saltee durante unos 2 minutos.

6 Vierta la salsa de habichuelas negras sobre los ingredientes del wok, agite para bañarlos bien y caliéntelo todo durante unos segundos a fuego suave, removiendo de vez en cuando.

7 Sirva el salteado de inmediato, en boles individuales calientes.

SUGERENCIA

Si no encuentra mejillones frescos, cómprelos envasados en plástico, lata o bote, que se encuentran en casi todos los grandes supermercados.

Pescado y marisco

Buñuelos de vieira

Para 4 personas

INGREDIENTES

100 g de judías verdes de alguna variedad delgada	450 g de vieiras, sin huevas	50 g de harina de arroz
1 guindilla roja	1 huevo	1 cucharada de salsa de pescado
	3 cebolletas cortadas en rodajas	salsa de guindilla dulce, para mojar

1 Con un cuchillo afilado, elimine las puntas de las judías y córtelas en rodajitas finas.

2 Retire con el cuchillo las semillas de la guindilla y píquela muy fina.

3 En una cazuela pequeña, lleve agua ligeramente salada a ebullición. Cueza las judías durante unos 3-4 minutos, hasta que se ablanden un poco.

4 Trocee las vieiras y colóquelas en un cuenco grande. Incorpore las judías cocidas y mézclelo todo bien.

5 Bata el huevo con la cebolleta, la harina de arroz, la salsa de pescado y la guindilla. Viértalo sobre las vieiras y remueva hasta obtener una mezcla homogénea.

6 Caliente dos dedos de aceite para freír en un wok grande caliente. Vierta una cucharada de la mezcla y fríala 5 minutos, hasta que cuaje y se dore. Retire el buñuelo del wok y déjelo escurrir sobre papel absorbente. Acabe así el resto de la pasta.

7 Sirva los buñuelos calientes, con salsa de guindilla dulce para mojar.

VARIACIÓN

Si lo prefiere, puede utilizar gambas o almejas sin cáscara en lugar de vieiras.

Pescado y marisco

Vieiras con salsa de mantequilla

Para 4 personas

INGREDIENTES

450 g de vieiras, sin huevas	2 cucharadas de aceite vegetal	3 cucharadas de salsa de soja dulce
6 cebolletas	1 guindilla verde, en rodajas	50 g de mantequilla cortada en dados

1 Lave las vieiras bajo el chorro de agua fría y séquelas con papel de cocina absorbente.

2 Con un cuchillo afilado, corte cada vieira por la mitad a lo ancho.

3 Corte después el tallo de las cebolletas en rodajitas.

4 Caliente un wok en seco, vierta el aceite vegetal y caliéntelo bien.

5 En el wok, saltee fuego vivo la guindilla, sin semillas, con la cebolleta y las vieiras, durante unos 4-5 minutos o hasta que las vieiras estén al punto.

6 Incorpore la salsa de soja y la mantequilla, y caliéntelo hasta que esta última se derrita.

7 Sirva las vieiras en cuencos individuales calientes.

SUGERENCIA

Si compra vieiras con su concha, deslice un cuchillo bajo la membrana para extraerlas y corte y descarte la parte dura del músculo que sujeta la vieira a la concha. Elimine el saco y el hilo intestinal.

SUGERENCIA

Utilice vieiras congeladas si lo prefiere, pero descongélelas totalmente antes de cocinarlas. Además, no las cueza demasiado porque se deshacen con facilidad.

Ostras salteadas con tofu, limón y cilantro

Para 4 personas

INGREDIENTES

225 g de puerros
350 g de tofu
2 cucharadas de aceite de girasol
350 g de ostras sin la concha

2 cucharadas de zumo de limón natural
1 cucharadita de harina de maíz
2 cucharadas de salsa de soja clara

100 ml de caldo de pescado
2 cucharadas de cilantro picado
1 cucharadita de ralladura fina de limón

1 Con un cuchillo afilado, corte el tallo de los puerros en juliana.

2 Corte el tofu en dados.

3 Caliente el aceite de girasol en un wok grande caliente.

4 Saltee el puerro en el wok durante 2 minutos.

5 Incorpore el tofu y las ostras y saltee durante 1-2 minutos más.

6 En un bol pequeño, mezcle el zumo de limón con la harina de maíz, la salsa de soja y el caldo de pescado.

7 Vierta la mezcla en el wok y cuézalo todo junto, removiendo de vez en cuando, hasta que el líquido se empiece a espesar.

8 Sirva el salteado de inmediato, en cuencos calientes, espolvoreado con el cilantro y la ralladura de limón.

VARIACIÓN

Si lo prefiere, en lugar de ostras puede utilizar almejas o mejillones.

Pescado y marisco

Calamares fritos crujientes

Para 4 personas

INGREDIENTES

450 g de calamares limpios	1 cucharadita de pimienta negra recién molida	aceite de cacahuete, para freír
25 g de harina de maíz		salsa para mojar, como
1 cucharadita de sal	1 cucharadita de guindilla en copos	acompañamiento

1. Con un cuchillo afilado, corte los tentáculos de los calamares y límpielos. Corte los tubos por un lado y ábralos para obtener un trozo plano.

2. Practique unas incisiones en forma de rejilla y corte cada calamar en 4 trozos.

3. Mezcle la harina con la sal, la pimienta y los copos de guindilla.

4. Ponga esta mezcla en una bolsa de plástico grande. Introduzca los trozos de calamar, cierre la bolsa y agite vigorosamente, para rebozar.

5. Caliente tres dedos de aceite de cacahuete en un wok grande caliente.

6. Fría los calamares, en tandas, unos 2 minutos o hasta que los trozos empiecen a curvarse. No los haga demasiado para que no queden duros.

7. Retire los calamares del wok con una espumadera y deje que se escurran sobre papel absorbente.

8. Sírvalos de inmediato, en platos individuales, acompañados con una salsa para mojar.

SUGERENCIA

Se pueden utilizar calamares congelados. Normalmente ya vienen limpios y resultan muy prácticos, pero hay que asegurarse de que estén completamente descongelados antes de iniciar la preparación.

Pescado y marisco

Calamares salteados con pimiento verde y salsa de habichuelas negras

Para 4 personas

INGREDIENTES

450 g de aros de calamar	1 pimiento verde	1 cebolla roja cortada en rodajas
2 cucharadas de harina	2 cucharadas de aceite de cacahuete	1 bote de 160 g de salsa de habichuelas negras
½ cucharadita de sal		

1 Lave los aros de calamar bajo el chorro de agua fría y séquelos con papel de cocina absorbente.

2 En un bol, mezcle la harina con la sal. Reboce bien los aros de calamar y sacúdalos para eliminar el exceso de harina.

3 Con un cuchillo afilado, quite las semillas del pimiento y córtelo en tiras finas.

4 Caliente el aceite de cacahuete en un wok grande precalentado.

5 Saltee en el wok el pimiento junto con la cebolla, durante 2 minutos o hasta que empiecen a ablandarse.

6 Incorpore los aros de calamar y saltee durante 5 minutos más, hasta que estén al punto.

7 Agregue la salsa de habichuelas negras y caliéntelo todo junto hasta que se formen burbujas. Reparta la preparación entre los cuencos individuales calientes, y sírvala de inmediato.

SUGERENCIA

Si lo desea, sirva este plato con arroz o fideos fritos y con un poco de salsa de soja.

Platos vegetarianos

Como en el Lejano Oriente hay tanta abundancia y variedad de verduras, éstas tienen un papel destacado en la alimentación. Otros ingredientes, como el tofu, complementan la dieta vegetariana, lo cual resulta tan saludable como económico. El tofu se elabora con soja, cuyo cultivo está muy extendido en estos países. En los salteados, el tofu absorbe todos los sabores del resto de los ingredientes.

El wok es ideal para cocinar verduras con rapidez, lo que ayuda conservar sus nutrientes y su textura. La gama de atractivas y sabrosas recetas es casi ilimitada. Algunas de las que se ofrecen en este capítulo son guarniciones perfectas, mientras que otras, como el curry de verdura, constituyen una comida completa.

El siguiente capítulo muestra la versatilidad de las verduras, y complacerá tanto a las personas vegetarianas como a las que no lo son.

Platos vegetarianos

Fideos salteados con setas al estilo japonés

Para 4 personas

INGREDIENTES

250 g de fideos japoneses al huevo	450 g de setas variadas (*shiitake*, setas de ostra, champiñones...)	6 cucharadas de salsa de soja
2 cucharadas de aceite de girasol	350 g de *pak choi* o col china	4 cebolletas cortadas en rodajas
1 cebolla roja cortada en rodajas	2 cucharadas de jerez dulce	1 cucharada de semillas de sésamo tostadas
1 diente de ajo chafado		

1 Ponga los fideos en un cuenco grande, cúbralos con agua hirviendo y déjelos en remojo 10 minutos.

2 Caliente un wok grande en seco; después, vierta el aceite de girasol y caliéntelo bien.

3 Saltee la cebolla y el ajo durante 2-3 minutos, o hasta que se ablanden.

4 Incorpore las setas en el wok y saltee unos 5 minutos más, hasta que se ablanden.

5 Escurra bien los fideos.

6 Incorpore el *pak choi* o la col china en el wok, junto con los fideos, el jerez dulce y la salsa de soja. Mezcle bien todos los ingredientes y saltee durante 2-3 minutos más, o hasta que el líquido empiece a formar burbujas.

7 Sirva los fideos con setas de inmediato, en cuencos individuales calientes, adornados con la cebolleta y las semillas de sésamo.

SUGERENCIA

La oferta de la variedad de setas ha mejorado mucho, y ya no resulta difícil conseguir una buena mezcla en los supermercados. Si no encuentra setas chinas, utilice otras más corrientes.

Platos vegetarianos

Salteado de verduras con jerez y salsa de soja

Para 4 personas

INGREDIENTES

2 cucharadas de aceite de girasol	1 pimiento rojo, despepitado y cortado en rodajas	SALSA:
1 cebolla roja cortada en rodajas	1 col china pequeña, cortada en tiras finas	3 cucharadas de jerez semiseco
175 g de zanahorias cortadas en rodajitas	150 g de brotes de soja	3 cucharadas de salsa de soja clara
175 g de calabacines cortados en rodajas diagonales	1 lata de 225 g de tallos de bambú	1 cucharadita de jengibre molido
	150 g de anacardos tostados	1 diente de ajo chafado
		1 cucharadita de harina de maíz
		1 cucharada de pasta de tomate

1 Caliente un wok grande en seco, vierta el aceite de girasol y caliéntelo bien.

2 Saltee la cebolla en el wok durante unos 2-3 minutos, hasta que se empiece a ablandar.

3 Incorpore la zanahoria, el calabacín y el pimiento y saltee durante otros 5 minutos, a fuego vivo.

4 Incorpore la col china, los brotes de soja y el bambú, y cuézalo todo junto 2-3 minutos, o hasta que las verduras empiecen a ablandarse.

5 Esparza los anacardos por encima de las verduras.

6 Mezcle el jerez, la salsa de soja, el jengibre, el ajo, la harina de maíz y la pasta de tomate.

7 Vierta la mezcla por encima de las verduras y mezcle bien. Cuézalo a fuego suave 2-3 minutos, o hasta que el líquido se empiece a espesar. Sirva.

SUGERENCIA

Este plato admite la utilización de cualquier variedad de verduras frescas que se tenga a mano.

Platos vegetarianos

Pak choi salteado con cebolla roja y anacardos

Para 4 personas

INGREDIENTES

2 cucharadas de aceite de cacahuete
2 cebollas rojas cortadas en gajos finos
175 g de col lombarda cortada en tiras finas
225 g de *pak choi*
2 cucharadas de salsa de ciruelas
100 g de anacardos tostados

1 Caliente un wok grande en seco, vierta el aceite de cacahuete y caliéntelo.

2 Saltee la cebolla en el wok durante 5 minutos, o hasta que se empiece a dorar.

3 Incorpore la col lombarda en el wok y saltee durante 2-3 minutos.

4 Añada el *pak choi* y saltee 5 minutos más, o hasta que las hojas se ablanden.

5 Rocíe las verduras con la salsa de ciruelas, mézclelo todo bien y cuézalo hasta que el líquido forme burbujas.

6 Esparza los anacardos por encima de las verduras y sirva el salteado en boles individuales calientes, sin dilación.

SUGERENCIA

La salsa de ciruelas tiene un sabor único y afrutado; se trata de un buen ejemplo de sabor agridulce.

VARIACIÓN

Si lo prefiere, utilice cacahuetes sin sal en lugar de anacardos.

Platos vegetarianos

Tofu con salsa de soja, pimiento y cebolla crujiente

Para 4 personas

INGREDIENTES

350 g de tofu	1 cucharada de salsa de guindilla dulce	1 cebolla cortada en rodajas
2 dientes de ajo chafados		1 pimiento verde, cortado en dados
4 cucharadas de salsa de soja	6 cucharadas de aceite de girasol	1 cucharada de aceite de sésamo

1. Con un cuchillo afilado, corte el tofu en trocitos. Colóquelo en una fuente llana que no sea metálica.

2. Mezcle el ajo con la salsa de soja y la de guindilla dulce y viértalo sobre el tofu. Agite y remueva de modo que el tofu quede bien recubierto, y déjelo en maceración durante unos 20 minutos.

3. Mientras tanto, caliente un wok grande en seco, vierta el aceite y caliéntelo.

4. Saltee la cebolla a fuego vivo, hasta que se dore y quede crujiente. Retírela con una espumadera y deje que se escurra sobre papel de cocina.

5. Por si se ha enfriado un poco, vuelva a calentar el aceite de freír la cebolla y saltee el tofu durante 5 minutos.

6. Retire todo el aceite del wok excepto 1 cucharada. Saltee el pimiento durante unos 2-3 minutos o hasta que se haya ablandado.

7. Vuelva a poner el tofu y la cebolla en el wok, y caliéntelo bien; remueva suavemente. Vierta por encima el aceite de sésamo.

8. Sirva el salteado de inmediato, en platos individuales.

SUGERENCIA

Si dispone de poco tiempo, compre tofu ya macerado en su supermercado.

Platos vegetarianos

Judías verdes salteadas con lechuga y salsa de habichuelas negras

Para 4 personas
INGREDIENTES

25 g de mantequilla	4 chalotes cortados en rodajas	1 lechuga iceberg cortada en tiras finas
1 cucharadita de aceite de guindilla	1 diente de ajo chafado	4 cucharadas de salsa de habichuelas negras
225 g de judías verdes cortadas en rodajas	100 g de setas *shiitake* cortadas en láminas finas	

1 Caliente la mantequilla y el aceite en un wok caliente.

2 Saltee las judías verdes junto con el chalote, el ajo y las setas, durante 2-3 minutos.

3 Incorpore la lechuga y saltee hasta que las hojas se hayan ablandado.

4 Vierta la salsa de habichuelas negras y mezcle bien todos los ingredientes, hasta que la salsa forme burbujas. Sírvalo caliente.

SUGERENCIA

Para una salsa de habichuelas casera, remoje 60 g de habichuelas negras secas toda una noche. Escúrralas y póngalas en una cazuela con agua fría. Hiérvalas 10 minutos y escúrralas. Vuelva a hervirlas, con 450 ml de caldo vegetal, 1 cucharada de cada de vinagre de malta, salsa de soja y azúcar, 1½ de harina de maíz, 1 guindilla roja picada y un trozo de jengibre fresco de 1,2 cm, durante 40 minutos, a fuego lento.

SUGERENCIA

Si es posible, utilice judías verdes chinas, muy tiernas. Se pueden comer enteras y se encuentran en algunos supermercados orientales.

Platos vegetarianos

Calabacines rebozados

Para 4 personas
INGREDIENTES

450 g de calabacines	1 cucharadita de sal	aceite para freír
1 clara de huevo	1 cucharadita de mezcla china	
50 g de harina de maíz	de cinco especias	

1 Con un cuchillo afilado, corte los calabacines en rodajas o en tronquitos.

2 Ponga la clara de huevo en un bol y bátala ligeramente con un tenedor hasta que haga espuma.

3 Mezcle la harina de maíz con la sal y el polvo de especias, y extiéndala en un plato llano.

4 Caliente un wok grande, vierta el aceite para freír y caliéntelo bien.

5 Pase cada trozo de calabacín por la clara batida y después rebócelos con la mezcla de harina de maíz.

6 Fría los trozos de calabacín, en tandas, durante unos 5 minutos o hasta que adquieran un color dorado pálido y estén crujientes.

7 Cada vez que acabe de freír una tanda, retire los trozos de calabacín del wok con una espumadera y deje que se escurran sobre papel absorbente mientras fríe el resto.

8 Distribuya el calabacín frito entre los platos individuales y sírvalo inmediatamente.

VARIACIÓN

Si lo prefiere, puede sustituir el condimento de mezcla china de cinco especias por guindilla molida o curry en polvo.

Platos vegetarianos

Albóndigas de maíz con guindilla

Para 4 personas

INGREDIENTES

6 cebolletas cortadas en rodajas
3 cucharadas de cilantro picado
225 g de maíz de lata
1 cucharadita de guindilla en polvo

1 cucharada de salsa de guindilla dulce
25 g de coco rallado seco
1 huevo

75 g de polenta
aceite para freír
salsa de guindilla dulce, para servir

1. En un cuenco grande, mezcle la cebolleta con el cilantro, el maíz, la guindilla en polvo, la salsa de guindilla, el coco, el huevo y la polenta. Cúbralo y déjelo reposar unos 10 minutos.

2. Caliente un wok grande, vierta el aceite para freír y caliéntelo bien.

3. Con cuidado, deje caer cucharadas de la masa en el aceite caliente. Fría las albondiguillas en tandas, durante 4-5 minutos o hasta que estén bien doradas y crujientes.

4. Retire las albóndigas con una espumadera y deje que se escurran sobre papel de cocina.

5. Dispóngalas en platos individuales calientes y sírvalas con un poco de salsa de guindilla dulce para mojar.

SUGERENCIA

La polenta es una harina que se obtiene del maíz. Se puede encontrar en la mayoría de los supermercados y en tiendas de dietética.

SUGERENCIA

Para que freír en un wok de base redondeada sea seguro, existen bases o anillos especiales que le dan estabilidad. Llene el wok con aceite sólo hasta la mitad, y nunca lo deje sin vigilancia cuando esté al fuego.

Platos vegetarianos

Rollitos de espárragos y pimiento rojo

Para 4 personas

INGREDIENTES

100 g de espárragos tiernos	50 g de brotes de soja	1 yema de huevo batida
1 pimiento rojo, despepitado y cortado en rodajas	2 cucharadas de salsa de ciruelas	aceite para freír
	8 láminas de pasta filo	

1 Ponga los espárragos, el pimiento y los brotes de soja en un cuenco grande.

2 Vierta la salsa de ciruelas por encima de las verduras y mézclelo todo bien.

3 Extienda las láminas de pasta filo sobre una superficie de trabajo limpia.

4 Coloque un poco de relleno de verduras en un extremo de cada lámina y pinte los bordes de la pasta con un poco de yema de huevo batida.

5 Enrolle la pasta, doblando los bordes hacia dentro y encerrando el relleno, como si de un rollito de primavera se tratara.

6 Caliente el aceite para freír en un wok grande caliente.

7 Fría los rollitos en el aceite caliente, de 2 en 2, unos 4-5 minutos o hasta que se doren.

8 Retire los rollitos con una espumadera y deje que se escurran sobre papel absorbente.

9 Reparta los rollitos entre los platos y sírvalos de inmediato.

SUGERENCIA

Procure utilizar los espárragos verdes más tiernos que encuentre.

Platos vegetarianos

Salteado de zanahoria y naranja

Para 4 personas

INGREDIENTES

2 cucharadas de aceite de girasol	2 naranjas, peladas y divididas en gajos	1 cucharada de azúcar de Demerara
450 g de zanahoria rallada		2 cucharadas de salsa de soja clara
225 g de puerro cortado en tiras finas	2 cucharadas de ketchup	100 g de cacahuetes picados

1 Caliente un wok grande, vierta el aceite de girasol y caliéntelo.

2 Saltee en el wok la zanahoria y el puerro, durante 2-3 minutos o hasta que se hayan ablandado.

3 Incorpore los gajos de naranja y caliéntelo a fuego suave, procurando no romper los gajos al remover.

4 En un bol pequeño, mezcle el ketchup con el azúcar y la salsa de soja.

5 Vierta la mezcla en el wok y saltee durante otros 2 minutos.

6 Sirva el salteado inmediatamente, en platos individuales calientes y espolvoreado con los cacahuetes picados.

VARIACIÓN

Puede sustituir los cacahuetes por semillas de sésamo tostadas.

VARIACIÓN

Si lo prefiere, puede utilizar piña en lugar de naranja. Si la compra en conserva, escójala al natural, no en almíbar, pues su dulzor estropearía el fresco sabor de este plato.

Salteado de espinacas con setas y miel

Para 4 personas

INGREDIENTES

3 cucharadas de aceite de cacahuete
350 g de setas *shiitake*, cortadas en láminas
2 dientes de ajo chafados
350 g de espinacas tiernas
2 cucharadas de jerez seco
2 cucharadas de miel
4 cebolletas cortadas en rodajas

1. Caliente un wok grande, vierta el aceite de cacahuete y caliéntelo.

2. Saltee las setas en el wok durante 5 minutos, o hasta que se hayan ablandado.

3. Incorpore en el wok el ajo chafado y las hojas de espinaca y saltéelo todo junto durante 2-3 minutos, o hasta que las espinacas se ablanden.

4. En un bol pequeño, mezcle bien el jerez seco con la miel.

5. Vierta la mezcla de jerez y miel sobre las espinacas y caliéntelo todo bien.

6. Sirva el salteado en cuanto esté listo, en platos calientes y espolvoreado con las rodajas de cebolleta.

SUGERENCIA

La nuez moscada complementa el sabor de la espinaca y forma con ella una combinación clásica. Puede añadir una pizca en el paso 3.

SUGERENCIA

Se recomienda utilizar un jerez seco de buena calidad. El jerez dulce no es un buen sustituto. En la cocina oriental el plato se elaboraría con vino de arroz, pero aquí resulta más fácil encontrar jerez seco.

Platos vegetarianos

Arroz vegetariano al estilo chino

Para 4 personas

INGREDIENTES

350 g de arroz de grano largo	1 pimiento rojo, despepitado y cortado en rodajas	1 zanahoria mediana rallada gruesa
1 cucharadita de cúrcuma	1 pimiento verde, despepitado y cortado en rodajas	150 g de brotes de soja
2 cucharadas de aceite de girasol		6 cebolletas cortadas en rodajas, y un poco más para decorar
225 g de calabacines cortados en rodajas	1 guindilla verde, despepitada y picada muy fina	2 cucharadas de salsa de soja

1 Ponga el arroz y la cúrcuma en una cazuela con agua ligeramente salada y llévelo a ebullición. Baje la temperatura y cuézalo a fuego lento hasta que el arroz esté al punto. Escúrralo bien y presione con una doble hoja de papel absorbente para eliminar el exceso de agua.

2 Caliente un wok grande, vierta el aceite de girasol y caliéntelo bien.

3 Saltee el calabacín durante 2 minutos.

4 Incorpore en el wok los pimientos y la guindilla, y saltee durante otros 2-3 minutos.

5 Agregue el arroz cocido, poco a poco, removiendo tras cada adición.

6 Por último, incorpore en la preparación la zanahoria, los brotes de soja y la cebolleta, y saltéelo todo junto otros 2 minutos. Rocíe con la salsa de soja y sírvalo inmediatamente, adornado con rodajas de cebolleta, si lo desea.

VARIACIÓN

Es un lujo sustituir la cúrcuma por hebras de azafrán remojadas en un poco de agua hirviendo.

Platos vegetarianos

Salteado de verduras con salsa hoisin

Para 4 personas

INGREDIENTES

- 2 cucharadas de aceite de girasol
- 1 cebolla roja cortada en rodajas
- 100 g de zanahorias cortadas en rodajas
- 1 pimiento amarillo, despepitado y cortado en dados
- 50 g de arroz integral hervido
- 175 g de tirabeques
- 175 g de brotes de soja
- 4 cucharadas de salsa *hoisin*
- 1 cucharada de cebollino fresco picado

1 Caliente un wok grande, vierta el aceite de girasol y caliéntelo.

2 Saltee en el wok la cebolla junto con la zanahoria y el pimiento, durante unos 3 minutos.

3 Incorpore el arroz integral cocido, los tirabeques y los brotes de soja y saltee otros 2 minutos.

4 Vierta la salsa *hoisin* sobre las verduras y remueva hasta que todo esté bien mezclado y caliente.

5 Reparta el salteado entre los platos individuales calientes y esparza cebollino por encima. Sírvalo de inmediato.

SUGERENCIA

La salsa hoisin *es de un color marrón rojizo oscuro. Está hecha con soja, ajo, guindilla y varios tipos de especias, y se utiliza mucho en la cocina china. También se puede servir como salsa para mojar.*

VARIACIÓN

Esta receta se puede elaborar con casi cualquier verdura. Una buena combinación sería la de brécol, mazorquitas, guisantes, col china y espinacas tiernas. Para una mayor diversidad de texturas, se puede añadir también algún tipo de seta, por ejemplo setas de ostra. Hay que procurar que el plato quede muy colorido.

Platos vegetarianos

Salteado agridulce de coliflor y cilantro

Para 4 personas

INGREDIENTES

- 450 g de ramitos de coliflor
- 2 cucharadas de aceite de girasol
- 1 cebolla cortada en rodajas
- 225 g de zanahorias, cortadas en rodajas
- 100 g de tirabeques
- 1 mango maduro cortado en rodajas
- 100 g de brotes de soja
- 3 cucharadas de cilantro fresco picado
- 3 cucharadas de zumo de lima natural
- 1 cucharada de miel
- 6 cucharadas de leche de coco

1. En una cazuela grande, lleve agua a ebullición. Introduzca la coliflor y cuézala durante 2 minutos. Escúrrala bien.

2. Caliente el aceite de girasol en un wok grande caliente.

3. Saltee en el wok la cebolla y la zanahoria, durante 5 minutos.

4. Incorpore la coliflor y los tirabeques, y saltee durante otros 2-3 minutos.

5. Ponga el mango y los brotes de soja en el wok y saltee 2 minutos más.

6. En un bol, mezcle el cilantro con el zumo de lima, la miel y la leche de coco.

7. Vierta la mezcla por encima de las verduras y saltee durante 2 minutos, o hasta que en el líquido se empiecen a formar burbujas.

8. Sirva el salteado de inmediato, en platos calientes.

VARIACIÓN

Si lo prefiere, puede preparar el plato con brécol en lugar de coliflor.

Platos vegetarianos

Brécol y col china con salsa de habichuelas negras

Para 4 personas

INGREDIENTES

450 g de ramitos de brécol	2 dientes de ajo cortados en láminas finas	1 col china cortada en tiras finas
2 cucharadas de aceite de girasol	25 g de almendras fileteadas	4 cucharadas de salsa de habichuelas negras
1 cebolla cortada en rodajas		

1. En una cazuela, lleve agua a ebullición. Introduzca el brécol y cuézalo durante 1 minuto, a partir de que el agua vuelva a hervir. Escúrralo bien.

2. Mientras tanto, caliente un wok grande en seco, vierta el aceite de girasol y caliéntelo.

3. En el wok, saltee la cebolla, junto con el ajo, hasta que se empiecen a dorar.

4. Incorpore en el wok los ramitos de brécol escurridos y las almendras, y saltee durante otros 2-3 minutos.

5. Añada la col china y saltee 2 minutos más.

6. Vierta la salsa de habichuelas negras sobre las verduras, agite para mezclar, remueva con suavidad y cuézalo todo junto hasta que el líquido empiece a burbujear.

7. Sirva las verduras de inmediato, en boles individuales calientes.

VARIACIÓN

Si lo prefiere, utilice anacardos sin sal en lugar de almendras.

Platos vegetarianos

Salteado de setas chinas con tofu

Para 4 personas
INGREDIENTES

25 g de setas chinas deshidratadas
450 g de tofu
25 g de harina de maíz
aceite para freir

2 dientes de ajo picados finos
1 trozo de 2,5 cm de jengibre, rallado

100 g de guisantes, frescos o congelados

1. Ponga las setas chinas en un cuenco grande, cúbralas con agua hirviendo y déjelas en remojo unos 10 minutos.

2. Mientras tanto, corte el tofu en dados con un cuchillo afilado.

3. Ponga la harina de maíz en un bol.

4. Reboce el tofu con la harina, de manera que quede bien recubierto por todos los lados.

5. Caliente un wok, vierta el aceite y caliéntelo.

6. Fría los dados de tofu en el aceite hirviendo, en tandas, durante 2-3 minutos o hasta que estén dorados y crujientes. Retírelos con una espumadera y deje que se escurran sobre papel absorbente.

7. Retire todo el aceite del wok excepto 2 cucharadas, y saltee el ajo, junto con el jengibre y las setas, durante 2-3 minutos.

8. Vuelva a poner el tofu en el wok y añada los guisantes. Caliéntelo todo bien durante 1 minuto y sírvalo de inmediato.

SUGERENCIA

Si quiere un sabor más intenso, utilice tofu macerado.

Calabaza salteada con anacardos y cilantro

Para 4 personas

INGREDIENTES

1 kg de calabaza de alguna variedad mantecosa, pelada
3 cucharadas de aceite de cacahuete
1 cebolla cortada en rodajas
2 dientes de ajo chafados
1 cucharadita de semillas de cilantro
1 cucharadita de semillas de comino
2 cucharadas de cilantro picado
150 ml de leche de coco
100 ml de agua
100 g de anacardos salados

PARA DECORAR:
corteza de lima recién rallada
cilantro fresco
gajos de lima

1 Con un cuchillo afilado, corte la calabaza en dados pequeños.

2 Caliente el aceite en un wok grande caliente.

3 Saltee en el wok la calabaza, junto con la cebolla y el ajo, durante 5 minutos.

4 Añada las semillas de cilantro, el comino y el cilantro fresco, y saltee 1 minuto.

5 Agregue la leche de coco y el agua, y llévelo a ebullición. Cubra el wok y cuézalo todo junto a fuego lento 10-15 minutos, o hasta que la calabaza esté tierna.

6 Incorpore los anacardos y remueva para mezclar.

7 Sirva el salteado de inmediato, en platos individuales calientes, adornado con la ralladura de lima, el cilantro fresco y los gajos de lima.

SUGERENCIA

Si no dispone de leche de coco, ralle un poco de coco cremoso sobre las verduras en el paso 5.

Platos vegetarianos

Dados de soja con jengibre y verduras

Para 4 personas

INGREDIENTES

- 1 cucharada de jengibre fresco rallado
- 1 cucharadita de jengibre molido
- 1 cucharada de pasta de tomate
- 2 cucharadas de aceite de girasol
- 1 diente de ajo chafado
- 2 cucharadas de salsa de soja
- 350 g de dados de soja prensada
- 225 g de zanahorias cortadas en rodajas
- 100 g de judías verdes troceadas
- 4 tallos de apio cortados en rodajas
- 1 pimiento rojo, despepitado y cortado en rodajas
- arroz hervido, para acompañar

1 Ponga el jengibre fresco rallado, el molido, la pasta de tomate, 1 cucharada de aceite de girasol, el ajo, la salsa de soja y los dados de soja en un cuenco grande. Mézclelo todo bien, removiendo con cuidado para no romper la soja. Cúbralo y déjelo en maceración 20 minutos.

2 Caliente un wok grande en seco, vierta el resto del aceite de girasol y caliéntelo.

3 Saltee en el wok la soja, con toda su salsa de maceración, 2 minutos.

4 Incorpore en el wok la zanahoria, las judías verdes, el apio y el pimiento, y saltee otros 5 minutos.

5 Sirva el salteado de inmediato, en platos individuales calientes, con un acompañamiento de arroz blanco recién hervido.

VARIACIÓN

Si lo desea, puede sustituir los dados de soja prensada por tofu.

SUGERENCIA

El jengibre se conserva en un lugar fresco y seco; también se puede congelar, e ir rompiéndolo en trozos a medida que se necesite.

Platos vegetarianos

Puerro con maíz tierno y salsa de soja amarilla

Para 4 personas

INGREDIENTES

3 cucharadas de aceite de cacahuete	225 g de col china, en tiras finas	6 cebolletas cortadas en rodajas
450 g de puerros cortados en rodajas	175 g de mazorquitas de maíz	4 cucharadas de salsa de soja amarilla

1 Caliente un wok grande en seco, vierta el aceite de cacahuete y caliéntelo bien

2 Saltee en el wok el puerro, la col china y las mazorquitas cortadas en 2 a lo largo, a fuego vivo, durante 5 minutos o hasta que los bordes de la verdura estén ligeramente dorados.

3 Incorpore la cebolleta en el wok y remueva para mezclarlo todo.

4 Vierta la salsa de soja amarilla sobre las verduras y saltee durante 2 minutos más, o hasta que todo esté bien caliente.

5 Sirva el salteado de inmediato, en platos calientes.

SUGERENCIA

La salsa de soja amarilla da un sabor genuinamente chino a los salteados. Se elabora con habas de soja saladas y trituradas, mezcladas con harina y especias hasta obtener una pasta densa. Su suave sabor combina muy bien con las verduras.

SUGERENCIA

Las mazorquitas de maíz son más dulces y tienen un sabor más delicado que las mazorcas grandes, y por tanto son ideales para saltear.

Platos vegetarianos

Salteado de verduras

Para 4 personas

INGREDIENTES

3 cucharadas de aceite de oliva
8 cebollitas partidas por la mitad
1 berenjena cortada en dados
225 g de calabacines, en rodajas

225 g de champiñones cortados por la mitad
2 dientes de ajo chafados
1 lata de 400 g de tomate triturado

2 cucharadas de pasta de tomates secados al sol
pimienta negra recién molida
hojas de albahaca fresca, para adornar

1 Caliente el aceite en un wok grande precalentado.

2 Saltee en el wok las cebollitas y la berenjena, durante 5 minutos o hasta que las verduras estén doradas y se empiecen a ablandar.

3 Incorpore el calabacín, los champiñones, el ajo, el tomate y la pasta de tomate, y saltee 5 minutos más. Baje la temperatura y cuézalo a fuego lento 10 minutos, o hasta que las verduras estén tiernas.

4 Sazone con la pimienta negra recién molida y espolvoree con las hojas de albahaca. Sirva el salteado inmediatamente.

VARIACIÓN

Si quiere preparar una comida vegetariana de plato único, añada tofu cortado en dados en el paso 3.

SUGERENCIA

Con el wok se elaboran deliciosos platos vegetarianos de una forma fácil y rápida. Pero hay que cortar todas las verduras de un tamaño similar, procurando que todos los trozos estén en contacto con la base del wok; así la cocción será rápida y uniforme.

Trío de pimientos salteados con castañas de agua y ajo

Para 4 personas

INGREDIENTES

225 g de puerros
aceite para freír
3 cucharadas de aceite de cacahuete
1 pimiento amarillo, despepitado y cortado en rodajas
1 pimiento verde, despepitado y cortado en rodajas
1 pimiento rojo, despepitado y cortado en rodajas
1 lata de 200 g de castañas de agua, escurridas y cortadas en rodajas
2 dientes de ajo chafados
3 cucharadas de salsa de soja clara

1 Para el adorno, corte los puerros en tiras muy finas con un cuchillo afilado.

2 Caliente el aceite para freír en un wok y fría el puerro durante 2-3 minutos, o hasta que esté crujiente. Retírelo y resérvelo hasta que lo necesite.

3 Caliente las 3 cucharadas de aceite de cacahuete en el wok.

4 Saltee los pimientos a fuego vivo unos 5 minutos, o hasta que se empiecen a dorar por los bordes y a ablandar.

5 Incorpore las castañas de agua, el ajo y la salsa de soja, y saltéelo todo junto durante 2-3 minutos.

6 Distribuya el salteado de pimientos entre los platos para servir calientes.

7 Antes de llevarlos a la mesa, adorne los platos con el puerro crujiente.

VARIACIÓN

Para dar más sabor al plato, añada 1 cucharada de salsa hoisin a la salsa de soja en el paso 5.

Platos vegetarianos

Salteado de berenjena

Para 4 personas

INGREDIENTES

3 cucharadas de aceite de cacahuete	2 guindillas rojas, despepitadas y picadas muy finas	3 cucharadas de *chutney* de mango
2 cebollas cortadas en rodajas	2 cucharadas de azúcar de Demerara	aceite para freír
2 dientes de ajo chafados	6 cebolletas cortadas en rodajas	2 dientes de ajo cortados en láminas, para decorar
2 berenjenas cortadas en dados		

1 Caliente un wok grande en seco, vierta el aceite de cacahuete y caliéntelo.

2 Saltee en el wok la cebolla y el ajo, removiendo.

3 Incorpore la berenjena y la guindilla, y saltee durante 5 minutos.

4 Añada el azúcar, la cebolleta y el *chutney* de mango, y remueva bien. Baje la temperatura, tape el wok y cuézalo todo junto a fuego lento, removiendo de vez en cuando, durante 15 minutos o hasta que la berenjena esté tierna.

5 Distribuya el salteado entre los boles individuales y manténgalo caliente. Caliente el aceite para freír en el wok y saltee rápidamente las láminas de ajo. Espárzalas sobre el salteado y sírvalo.

SUGERENCIA

Vaya removiendo las verduras de vez en cuando, porque la berenjena absorbe muy rápidamente el aceite y se puede empezar a quemar si no se vigila.

SUGERENCIA

El grado de picante de las guindillas varía de unas a otras, y por eso hay que ser prudente; por lo general, cuanto más pequeñas son, más pican. Las semillas son la parte más fuerte, por lo que se suelen eliminar.

Platos vegetarianos

Verduras salteadas con cacahuetes y huevo

Para 4 personas

INGREDIENTES

2 huevos
225 g de zanahorias
350 g de col blanca
2 cucharadas de aceite vegetal

1 pimiento rojo, despepitado y cortado en rodajas finas
150 g de brotes de soja
1 cucharada de ketchup

2 cucharadas de salsa de soja
75 g de cacahuetes salados, picados

1 En un cazo, lleve agua a ebullición, sumerja los huevos y cuézalos durante 7 minutos. Retírelos del agua hirviendo y enfríelos con agua bien fría, durante 1 minuto.

2 Pele los huevos con cuidado y córtelos en cuartos.

3 Pele las zanahorias y rállelas, no demasiado finas.

4 Con un cuchillo afilado, corte la col en tiras finas.

5 Caliente el aceite vegetal en un wok grande caliente.

6 Saltee la zanahoria, la col y el pimiento, durante 3 minutos.

7 Agregue los brotes de soja y saltee 2 minutos más.

8 Incorpore el ketchup, la salsa de soja y los cacahuetes, y saltee 1 minuto.

9 Distribuya el salteado entre los platos individuales calientes y decórelo con los trozos de huevo duro. Sírvalo de inmediato.

SUGERENCIA

El huevo recién cocido se sumerge en agua muy fría o se mantiene bajo el chorro del grifo para evitar que la yema se ennegrezca.

Arroz y fideos

El arroz y los fideos son básicos en la dieta oriental, pues son baratos, abundantes, nutritivos y deliciosos. Por su versatilidad, acompañan casi todas las comidas como guarnición. También se usan para elaborar platos principales, de carne, verduras o pescado condimentados.

En Oriente se cultivan y utilizan varios tipos de arroz, cada uno de ellos adecuado para un uso específico. El arroz blanco se reserva para complementar una comida o asentar el estómago durante un ágape con muchos platos.

Los fideos varían de un país a otro, y se comen a todas horas en sus diferentes formas. Los delgados fideos de harina de trigo al huevo son los más comunes en Occidente. Se compran frescos o secos, y requieren una cocción muy breve. También se utilizan fideos de arroz, conocidos como sha he en China y harusame en Japón. Con habichuelas mung molidas se elaboran los fideos trasparentes o de celofán.

Arroz frito con alubias picantes

Para 4 personas

INGREDIENTES

3 cucharadas de aceite de girasol
1 cebolla finamente picada
225 g de arroz de grano largo
1 cucharadita de guindilla en polvo

1 pimiento verde, despepitado y cortado en dados
600 ml de agua hirviendo
100 g de maíz de lata

225 g de alubias escarlata de lata
2 cucharadas de cilantro fresco picado

1 Caliente un wok grande en seco, vierta el aceite de girasol y caliéntelo.

2 Saltee la cebolla picada durante 2 minutos, o hasta que se haya ablandado.

3 Incorpore en el wok el arroz, el pimiento y la guindilla en polvo, y saltee durante 1 minuto.

4 Vierta 600 ml de agua hirviendo en el wok y llévelo todo a ebullición. Baje la temperatura y cuézalo a fuego lento durante 15 minutos.

5 Incorpore el maíz, las alubias y el cilantro en el wok y caliente bien, removiendo.

6 Ponga el arroz en un cuenco para servir y sírvalo caliente, espolvoreado con algo más de cilantro picado, si lo desea.

VARIACIÓN

Si le gusta mucho el picante, añada 1 guindilla roja picada en el paso 3, además de la molida.

SUGERENCIA

En Oriente, para hacer el arroz frito, el arroz crudo se remoja en agua durante un rato; así se elimina el exceso de almidón. Se puede utilizar arroz oriental de grano corto en lugar del de grano largo.

Arroz y fideos

Arroz al coco

Para 4 personas

INGREDIENTES

275 g de arroz de grano largo	½ cucharadita de sal	25 g de coco rallado o en virutas
600 ml de agua	100 ml de leche de coco	

1. Lave bien el arroz bajo el chorro de agua fría, hasta que el agua salga clara.

2. Deje que el arroz se escurra en un colador apoyado sobre un cuenco grande.

3. Ponga el arroz en un wok con 600 ml de agua.

4. Añada la sal y la leche de coco, y llévelo a ebullición. Tape el wok, baje la temperatura y cuézalo a fuego lento durante 10 minutos.

5. Retire la tapa del wok y esponje el arroz con un tenedor: todo el líquido debería haberse absorbido y los granos de arroz tendrían que estar tiernos.

6. Disponga el arroz en un cuenco para servir caliente y espolvoréelo con el coco rallado o en virutas. Sírvalo de inmediato.

SUGERENCIA

El arroz se lava con agua fría para eliminar en parte el almidón y evitar que los granos se peguen entre sí.

SUGERENCIA

La leche de coco no es el líquido del interior del coco: eso se llama agua de coco. Para hacer la leche, la pulpa se tritura con agua y leche, y después se prensa para extraerle todo el jugo. Se puede preparar en casa, pero también se vende enlatada.

Salteado de arroz con cebolla, pollo y especias

Para 4 personas

INGREDIENTES

1 cucharada de mezcla china de cinco especias
2 cucharadas de harina de maíz
3 cucharadas de aceite de cacahuete
350 g de pechugas de pollo, deshuesadas, sin piel y cortadas en dados
1 cebolla cortada en dados
225 g de arroz de grano largo
½ cucharadita de cúrcuma
600 ml de caldo de pollo
2 cucharadas de cebollino picado

1 Ponga el polvo de cinco especias y la harina de maíz en un cuenco grande. Incorpore los trozos de pollo y rebócelos bien con la mezcla.

2 Caliente un wok grande en seco, vierta 2 cucharadas de aceite de cacahuete y caliéntelo. Saltee el pollo durante 5 minutos. Retírelo con una espumadera y resérvelo.

3 Vierta el resto del aceite en el wok.

4 Saltee la cebolla durante 1 minuto.

5 Añada el arroz, la cúrcuma y el caldo de pollo, y llévelo a ebullición.

6 Vuelva a poner el pollo en el wok, baje la temperatura y déjelo a fuego lento 10 minutos, o hasta que el líquido se haya absorbido y el arroz esté tierno.

7 Añada el cebollino, remueva y sirva el arroz caliente.

SUGERENCIA

Manipule la cúrcuma con cuidado, porque se puede manchar las manos y la ropa.

Arroz con pollo al estilo chino

Para 4 personas

INGREDIENTES

- 350 g de arroz de grano largo
- 1 cucharadita de cúrcuma
- 2 cucharadas de aceite de girasol
- 350 g de pechugas o muslos de pollo, sin hueso ni piel, cortados en lonchas
- 1 pimiento rojo, despepitado y cortado en rodadas
- 1 pimiento verde, despepitado y cortado en rodajas
- 1 guindilla verde, despepitada y finamente picada
- 1 zanahoria mediana rallada gruesa
- 150 g de brotes de soja
- 6 cebolletas cortadas en rodajas, y un poco más para decorar
- 2 cucharadas de salsa de soja

1 Ponga el arroz en una cazuela grande con agua, con un poco de sal y la cúrcuma, y cuézalo hasta que esté tierno, unos 10 minutos. Escúrralo bien y presione con una doble capa de papel de cocina para absorber el exceso de humedad.

2 Caliente un wok grande, vierta el aceite de girasol y caliéntelo.

3 Ponga las lonchas de pollo en el wok y saltéelas a fuego vivo hasta que se empiecen a dorar.

4 Añada los pimientos y la guindilla y saltee durante 2-3 minutos.

5 Incorpore el arroz en el wok, poco a poco, removiendo tras cada adición para que todo quede bien mezclado.

6 Añada la zanahoria, los brotes de soja y la cebolleta, y saltee durante otros 2 minutos.

7 Vierta la salsa de soja por encima de la preparación y mezcle bien.

8 Adorne con cebolleta, si lo desea, y sirva el plato inmediatamente.

VARIACIÓN

Si lo prefiere, utilice carne de cerdo macerada en salsa hoisin en lugar de pollo.

Arroz y fideos

Arroz frito con cerdo dulce y picante

Para 4 personas

INGREDIENTES

450 g de solomillo de cerdo	1 cebolla cortada en rodajas	100 g de tallos de bambú en conserva, escurridos
2 cucharadas de aceite de girasol	175 g de zanahorias cortadas en juliana	275 g de arroz de grano largo hervido
2 cucharadas de salsa de guindilla dulce, y un poco más para servir	175 g de calabacines cortados en juliana	1 huevo batido
		1 cucharada de perejil fresco picado

1 Con un cuchillo afilado, corte la carne en lonchas finas.

2 Caliente un wok, vierta el aceite y caliéntelo.

3 Saltee la carne durante 5 minutos.

4 Añada la salsa de guindilla y déjela burbujear, removiendo, durante 2-3 minutos o hasta que se empiece a espesar.

5 Incorpore la cebolla, la zanahoria, el calabacín y los tallos de bambú y saltee durante otros 3 minutos.

6 Añada el arroz hervido y saltee 2-3 minutos, o hasta que se haya calentado bien.

7 Vierta el huevo batido por encima del arroz frito y prolongue la cocción, removiendo, hasta que el huevo cuaje.

8 Espolvoree el arroz con el perejil picado y sírvalo de inmediato, acompañado con salsa de guindilla dulce, si lo desea.

SUGERENCIA

Si tiene poco tiempo, prepare la receta con verduras congeladas, listas para usar.

Arroz frito con huevo, buey y especias

Para 4 personas
INGREDIENTES

225 g de arroz de grano largo	1 cucharada de condimento tailandés de siete especias	225 g de zanahorias cortadas en dados
600 ml de agua	2 cucharadas de aceite de cacahuete	100 g de guisantes congelados
350 g de filete de buey	1 cebolla cortada en dados	2 huevos
2 cucharadas de salsa de soja		2 cucharadas de agua fría
2 cucharadas de ketchup		

1 Lave el arroz bajo el chorro de agua fría y escúrralo bien. Póngalo en una cazuela con 600 ml de agua, llévelo a ebullición, cúbralo y cuézalo a fuego lento durante 12 minutos. Extienda el arroz hervido sobre una bandeja y deje que se enfríe.

2 Con un cuchillo afilado, corte la carne en lonchas finas.

3 Mezcle la salsa de soja con el ketchup y el condimento tailandés de siete especias. Vierta la mezcla sobre la carne y remueva para que quede bien impregnada.

4 Caliente el aceite de cacahuete en un wok grande caliente.

5 Saltee la carne en el wok durante 3-4 minutos.

6 Incorpore la cebolla, la zanahoria y los guisantes y saltee otros 2-3 minutos.

7 Agregue el arroz hervido y remueva para mezclar.

8 Bata los huevos con 2 cucharadas de agua fría. Viértalo por encima del arroz y saltee 3-4 minutos, o hasta que el arroz esté bien caliente y el huevo haya cuajado.

9 Disponga el arroz en un bol caliente y sírvalo de inmediato.

VARIACIÓN

Si lo prefiere, puede utilizar filete de cerdo o pollo en lugar de carne de buey.

Arroz salteado con salchichón chino

Para 4 personas

INGREDIENTES

- 350 g de salchichón chino
- 2 cucharadas de aceite de girasol
- 2 cucharadas de salsa de soja
- 1 cebolla cortada en rodajas
- 175 g de zanahorias en juliana fina
- 175 g de guisantes
- 100 g de dados de piña en conserva, escurridos
- 275 g de arroz de grano largo hervido
- 1 huevo batido
- 1 cucharada de perejil fresco picado

1. Con un cuchillo afilado, corte el salchichón en rodajas finas.

2. Caliente el aceite de girasol en un wok grande caliente.

3. Saltee el salchichón durante 5 minutos.

4. Añada la salsa de soja y saltee durante otros 2-3 minutos, o hasta que se empiece a espesar.

5. Agregue la cebolla, la zanahoria, los guisantes y la piña y saltee otros 3 minutos.

6. Incorpore en la preparación el arroz hervido y saltee durante 2-3 minutos, o hasta que el arroz esté uniformemente caliente.

7. Vierta el huevo batido por encima del arroz y siga salteando, removiendo, hasta que el huevo cuaje.

8. Disponga el arroz salteado en un cuenco para servir caliente, espolvoréelo generosamente con perejil fresco picado y sírvalo de inmediato.

SUGERENCIA

Para poder preparar algunas de las recetas de este libro en cuestión de minutos, resulta muy práctico tener siempre arroz hervido en el congelador.

Arroz y fideos

Risotto chino

Para 4 personas

INGREDIENTES

2 cucharadas de aceite de cacahuete
1 cebolla cortada en rodajas
2 dientes de ajo chafados
225 g de salchichón chino, en rodajas
1 cucharadita de mezcla china de cinco especias
225 g de zanahorias, en dados
1 pimiento verde, en dados
275 g de arroz para *risotto*
850 ml de caldo vegetal o de pollo
1 cucharada de cebollino fresco picado

1. Caliente el aceite en un wok grande caliente.

2. Saltee la cebolla, con el ajo y el polvo de cinco especias, durante 1 minuto.

3. Incorpore el salchichón chino, la zanahoria y el pimiento y remueva para mezclar.

4. Añada el arroz y saltee durante 1 minuto.

5. Gradualmente, vaya vertiendo el caldo, sin dejar de remover, hasta que el líquido se haya absorbido por completo y el arroz esté al punto.

6. Al añadir la última parte del caldo, incorpore también el cebollino picado.

7. Sirva el *risotto* chino de inmediato, en boles individuales calientes.

SUGERENCIA

El salchichón chino se prepara como el español, pero se sazona con especias distintas.

VARIACIÓN

Si no encuentra salchichón chino, prepare el plato con una variedad corriente.

Arroz cremoso con cangrejo

Para 4 personas

INGREDIENTES

225 g de arroz de grano corto	100 g de salchichón chino, cortado en rodajas finas	6 cebolletas cortadas en rodajas
1,5 litros de caldo de pescado		2 cucharadas de cilantro picado
½ cucharadita de sal	225 g de carne blanca de cangrejo	

1 Caliente un wok grande y ponga el arroz.

2 Añada el caldo de pescado y llévelo a ebullición. Baje la temperatura y cuézalo a fuego lento durante 1 hora, removiendo de vez en cuando.

3 Añada la sal, el salchichón chino, la cangre de cangrejo, la cebolleta y el cilantro, y cuézalo todo junto durante unos 5 minutos.

4 Si el arroz empieza a espesarse demasiado, añada un poco más de agua.

5 Sirva el arroz de inmediato, en boles individuales calientes.

SUGERENCIA

El arroz de grano corto absorbe el líquido más despacio que el de grano largo, y por lo tanto la textura del plato es diferente. El arroz bomba sería ideal para esta receta.

SUGERENCIA

Compre siempre la carne de cangrejo más fresca, aunque la congelada o enlatada también sirve. La delicada y dulzona carne de cangrejo se reduce enseguida con la cocción; por ello, muchos cocineros chinos utilizan cangrejos enteros. Si opta por hacerlo usted también, al comprarlo, compruebe que sea pesado y que al agitarlo no suene como si tuviera agua dentro.

Chow mien de pollo

Para 4 personas

INGREDIENTES

250 g de fideos al huevo de grosor medio	1 diente de ajo picado fino	6 cebolletas cortadas en rodajas
2 cucharadas de aceite de girasol	1 pimiento rojo, despepitado y cortado en rodajas finas	100 g de brotes de soja
275 g de pechugas de pollo cocidas, cortadas en tiras muy finas	100 g de setas *shiitake* cortadas en láminas	3 cucharadas de salsa de soja
		1 cucharada de aceite de sésamo

1 Ponga los fideos en un cuenco o una fuente honda y rómpalos un poco.

2 Vierta agua caliente sobre los fideos y déjelos en remojo mientras prepara el resto de los ingredientes.

3 Caliente un wok grande en seco, vierta el aceite de girasol y caliéntelo.

4 Saltee el pollo en el wok, junto con el ajo, el pimiento, las setas, la cebolleta y los brotes de soja, a fuego vivo, durante unos 5 minutos.

5 Escurra bien los fideos. Incorpórelos en el wok, agite bien y saltee durante otros 5 minutos.

6 Rocíe el *chow mien* con la salsa de soja y el aceite de sésamo, y remueva hasta que todo esté bien mezclado.

7 Sirva el *chow mien* de inmediato, en cuencos individuales calientes.

VARIACIÓN

El chow mien también se puede preparar con verduras variadas, sin ningún tipo de carne.

Fideos al huevo con pollo y salsa de ostras

Para 4 personas
INGREDIENTES

250 g de fideos al huevo	100 g de zanahorias cortadas en rodajas	2 huevos
450 g de muslos de pollo		3 cucharadas de agua fría
2 cucharadas de aceite de cacahuete	3 cucharadas de salsa de ostras	

1. Ponga los fideos en un cuenco o una fuente honda. Cúbralos con agua caliente y déjelos en remojo 10 minutos.

2. Mientras tanto, quite la piel de los muslos de pollo y, con un cuchillo afilado, corte la carne en trocitos.

3. Caliente un wok grande, vierta el aceite de cacahuete y caliéntelo.

4. Saltee en el wok los trozos de pollo junto con las rodajas de zanahoria, durante unos 5 minutos.

5. Escurra bien los fideos. Incorpórelos en el wok y saltee 2-3 minutos más, o hasta que se hayan calentado.

6. Bata los huevos con la salsa de ostras y 3 cucharadas de agua fría. Vierta la mezcla por encima de los fideos y saltee otros 2-3 minutos, o hasta que el huevo cuaje. Sirva el plato de inmediato, en cuencos individuales calientes.

VARIACIÓN

Si lo prefiere, sazone los huevos con salsa de soja u hoisin en lugar de salsa de ostras.

Arroz y fideos

Fideos crujientes con buey al jengibre

Para 4 personas
INGREDIENTES

225 g de fideos al huevo de grosor medio
350 g de filete de buey
2 cucharadas de aceite de girasol
1 cucharada de jengibre molido
1 diente de ajo chafado
1 guindilla roja, despepitada y picada muy fina
100 g de zanahorias cortadas en juliana
6 cebolletas cortadas en rodajas
2 cucharadas de mermelada de lima
2 cucharadas de salsa de soja
aceite para freír

1 Ponga los fideos en un cuenco o una fuente honda. Cúbralos con agua hirviendo y déjelos en remojo durante 10 minutos, mientras prepara el resto de los ingredientes.

2 Con un cuchillo afilado, corte la carne en lonchas finas.

3 Caliente el aceite de girasol en un wok grande caliente.

4 Saltee la carne, junto con el jengibre, durante unos 5 minutos.

5 Añada el ajo, la guindilla, la zanahoria y la cebolleta, y saltee otros 2-3 minutos.

6 Incorpore en el wok la mermelada de lima y la salsa de soja, y deje que la salsa burbujee 2 minutos. Retire el contenido del wok y resérvelo caliente.

7 Caliente el aceite para freír en el wok.

8 Escurra bien los fideos y séquelos con papel absorbente. Con cuidado, déjelos caer en el aceite caliente y fríalos durante 2-3 minutos, o hasta que estén crujientes. Escúrralos sobre papel de cocina.

9 Divida los fideos entre 4 platos individuales y ponga la preparación de carne encima. Sírvalo de inmediato.

VARIACIÓN

Si lo prefiere, puede utilizar pollo, ternera o cerdo en lugar de buey.

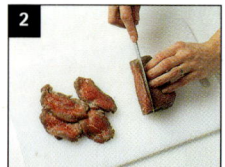

Arroz y fideos

Fideos con cordero

Para 4 personas

INGREDIENTES

1 paquete de 250 g de fideos al huevo	2 cucharadas de salsa de soja	1 cucharada de azúcar lustre
450 g de solomillo de cordero cortado en lonchas finas	2 cucharadas de aceite de girasol	2 cucharadas de salsa de ostras
	2 dientes de ajo chafados	175 g de espinacas tiernas

1 Ponga los fideos en un cuenco grande y cúbralos con agua hirviendo. Déjelos en remojo unos 10 minutos.

2 En una cazuela, lleve agua a ebullición. Cueza la carne durante 5 minutos y después escúrrala bien.

3 Coloque las lonchas de carne en un cuenco y mézclelas con la salsa de soja y 1 cucharada de aceite de girasol.

4 Caliente un wok grande, vierta el resto del aceite de girasol y caliéntelo.

5 Saltee la carne macerada junto con el ajo, durante unos 5 minutos o hasta que empiecen a dorarse.

6 Añada el azúcar lustre y la salsa de ostras, y mézclelo todo bien.

7 Escurra bien los fideos. Incorpórelos en el wok y saltee otros 5 minutos.

8 Añada las espinacas y saltee durante 1 minuto o hasta que las hojas empiecen a ablandarse. Sirva el cordero de inmediato, en cuencos individuales calientes.

SUGERENCIA

Si utiliza fideos secos, siga las instrucciones del envase: puede que precisen menos tiempo de remojo.

Fideos con gambas al estilo de Singapur

Para 4 personas

INGREDIENTES

250 g de fideos finos de arroz	2 cucharadas de vinagre de vino de arroz	100 g de guisantes
4 cucharadas de aceite de cacahuete	1 cucharada de azúcar lustre	1 pimiento rojo, despepitado y cortado en rodajas finas
2 dientes de ajo chafados	225 g de jamón cocido, cortado en tiras finas	100 g de gambas peladas
2 guindillas rojas, despepitadas y picadas muy finas	100 g de castañas de agua en conserva, cortadas en rodajas	2 huevos grandes
1 cucharadita de jengibre fresco rallado	100 g de champiñones cortados en láminas	4 cucharadas de leche de coco
2 cucharadas de pasta de curry de Madras		25 g de coco rallado
		2 cucharadas de cilantro fresco picado

1 Ponga los fideos en un cuenco grande, cúbralos con agua hirviendo y déjelos en remojo unos 10 minutos. Escúrralos bien y mézclelos con 2 cucharadas de aceite de cacahuete.

2 Caliente un wok grande, vierta el resto del aceite, caliéntelo y saltee el ajo, la guindilla, el jengibre, la pasta de curry, el vinagre y el azúcar, durante 1 minuto.

3 Agregue el jamón, las castañas de agua, los champiñones, los guisantes y el pimiento, y saltee otros 5 minutos.

4 Incorpore los fideos y las gambas en el wok, y saltee durante 2 minutos.

5 Bata los huevos con la leche de coco. Vierta la mezcla en el wok y saltee hasta que el huevo cuaje.

6 Añada el coco rallado y el cilantro picado, y remueva para mezclar. Sirva los fideos con gambas al estilo de Singapur de inmediato, en platos individuales calientes.

VARIACIÓN

Si lo prefiere, puede utilizar fideos al huevo en lugar de fideos de arroz.

Fideos agridulces

Para 4 personas

INGREDIENTES

- 3 cucharadas de salsa de pescado
- 2 cucharadas de vinagre destilado de vino blanco
- 2 cucharadas de azúcar lustre o de palma
- 2 cucharadas de pasta de tomate
- 2 cucharadas de aceite de girasol
- 3 dientes de ajo chafados
- 350 g de fideos de arroz, remojados en agua hirviendo 5 minutos
- 8 cebolletas cortadas en rodajas
- 175 g de zanahoria rallada
- 150 g de brotes de soja
- 2 huevos batidos
- 225 g de gambas grandes peladas
- 50 g de cacahuetes picados
- 1 cucharadita de guindilla en copos, para adornar

1 En un bol pequeño, mezcle la salsa de pescado con el vinagre, el azúcar y la pasta de tomate. Resérvelo.

2 Caliente el aceite en un wok grande caliente.

3 Saltee el ajo durante 30 segundos.

4 Escurra bien los fideos y páselos al wok, junto con la mezcla de salsa de pescado y tomate. Remueva para que todo quede bien mezclado.

5 Añada la cebolleta, la zanahoria y los brotes de soja, y saltéelo todo junto durante 2-3 minutos.

6 Aparte el contenido del wok hacia un lado, vierta el huevo en la parte vacía y cuézalo hasta que cuaje. Incorpore, las gambas y los cacahuetes, y mézclelo todo bien con los fideos.

7 Sirva los fideos agridulces de inmediato, en platos individuales calientes y adornados con los copos de guindilla.

SUGERENCIA

Puede encontrar copos de guindilla en la sección de especias del supermercado.

Fideos con langostinos y guindilla

Para 4 personas

INGREDIENTES

- 250 g de fideos de celofán
- 2 cucharadas de aceite de girasol
- 1 cebolla cortada en rodajas
- 2 guindillas rojas, despepitadas y picadas muy finas
- 4 hojas de lima cortadas en tiras muy finas
- 1 cucharada de cilantro fresco
- 2 cucharadas de azúcar de palma o lustre
- 2 cucharadas de salsa de pescado
- 450 g de langostinos pelados

1 Ponga los fideos en un cuenco grande. Cúbralos con agua hirviendo y déjelos en remojo durante 5 minutos. Escúrralos muy bien.

2 Caliente el aceite en un wok grande caliente.

3 Saltee la cebolla, la guindilla y las hojas de lima, durante 1 minuto.

4 Añada el cilantro, el azúcar, la salsa de pescado y los langostinos, y saltee otros 2 minutos, o hasta que los langostinos adquieran un color rosado.

5 Incorpore los fideos escurridos al wok, agite para mezclar bien y saltee durante 1-2 minutos, o hasta que estén calientes.

6 Sirva los fideos de inmediato, en cuencos calientes.

SUGERENCIA

Si no dispone de langostinos frescos, utilice gambas cocidas y saltéelas con los fideos durante 1 minuto, sólo para calentarlas.

SUGERENCIA

La salsa de pescado es un ingrediente básico de la cocina tailandesa. En la etiqueta, suele poner nam pla.

Fideos con bacalao fresco salteado y mango

Para 4 personas

INGREDIENTES

- 1 paquete de 250 g de fideos al huevo
- 450 g de filete de bacalao fresco, sin piel
- 1 cucharada de pimentón
- 2 cucharadas de aceite de girasol
- 1 cebolla roja cortada en rodajas
- 1 pimiento naranja, despepitado y cortado en rodajas
- 1 pimiento verde, despepitado y cortado en rodajas
- 100 g de mazorquitas de maíz cortadas a lo largo
- 1 mango cortado en rodajas
- 100 g de brotes de soja
- 2 cucharadas de ketchup
- 2 cucharadas de salsa de soja
- 2 cucharadas de jerez semiseco
- 1 cucharadita de harina de maíz

1 Ponga los fideos en un cuenco grande y cúbralos con agua hirviendo. Déjelos en remojo unos 10 minutos.

2 Lave el filete de bacalao y séquelo con papel absorbente. Con un cuchillo afilado, corte el pescado en tiras delgadas.

3 En un cuenco grande, ponga el pescado con el pimentón y rebócelo bien.

4 Caliente el aceite en un wok grande caliente.

5 Saltee la cebolla, junto con los pimientos y las mazorquitas, durante unos 5 minutos.

6 Incorpore el bacalao en el wok, así como el mango, y saltee otros 2-3 minutos, o hasta que el pescado esté cocido.

7 Agregue los brotes de soja y agite para mezclarlo todo bien.

8 En un bol, mezcle el ketchup con la salsa de soja, el jerez y la harina de maíz. Vierta la mezcla en el wok y déjelo cocer, removiendo ocasionalmente, hasta que la salsa se espese.

9 Escurra bien los fideos y repártalos entre cuencos individuales. Disponga el salteado de bacalao y mango en otros boles y sírvalo inmediatamente.

VARIACIÓN

Si lo prefiere, puede utilizar otro tipo de pescado blanco, como rape o merluza.

Arroz y fideos

Fideos japoneses con verduras y especias

Para 4 personas

INGREDIENTES

450 g de fideos japoneses frescos	1 cebolla roja cortada en rodajas	350 g de col blanca, en tiras finas
1 cucharada de aceite de sésamo	100 g de tirabeques	3 cucharadas de salsa de guindilla dulce
1 cucharada de semillas de sésamo	175 g de zanahorias, en rodajas finas	
1 cucharada de aceite de girasol		2 cebolletas cortadas en rodajas

1 En una cazuela, lleve agua a ebullición y cueza los fideos japoneses unos 2-3 minutos. Escúrralos bien.

2 Mezcle los fideos con el aceite y las semillas de sésamo.

3 Caliente un wok grande en seco, vierta el aceite de girasol y caliéntelo.

4 Saltee en el wok la cebolla junto con los tirabeques, la zanahoria y la col, durante unos 5 minutos.

5 Agregue la salsa de guindilla dulce y cuézalo, removiendo ocasionalmente, durante otros 2 minutos.

6 Incorpore los fideos en el wok, agite bien para mezclar y caliéntelo otros 2-3 minutos. (Si prefiere servir los fideos por separado, distribúyalos entre los cuencos individuales.)

7 Disponga la preparación japonesa de verduras y fideos en cuencos individuales calientes y sírvala de inmediato, adornada con rodajas de cebolleta.

SUGERENCIA

Si le resulta difícil encontrar fideos japoneses frescos, utilícelos secos y finos, de arroz o de trigo al huevo.

Fideos de arroz salteados con judías verdes y salsa de coco

Para 4 personas
INGREDIENTES

275 g de fideos de arroz planos	100 g de tomates cereza, partidos por la mitad	150 ml de leche de coco
3 cucharadas de aceite de cacahuete	1 cucharadita de guindilla en copos	1 cucharada de pasta de tomate
2 dientes de ajo chafados	4 cucharadas de crema de cacahuete crujiente	cebolleta cortada en rodajas, para decorar
2 chalotes cortados en rodajas		
225 g de judías verdes troceadas		

1 Ponga los fideos de arroz en un cuenco grande y cúbralos con agua hirviendo. Déjelos en remojo 10 minutos.

2 Caliente un wok grande en seco, vierta el aceite de cacahuete y caliéntelo.

3 Saltee el ajo y el chalote durante 1 minuto.

4 Escurra los fideos de modo que queden bien secos.

5 Incorpore en el wok las judías verdes y los fideos y saltee 5 minutos.

6 Agregue los tomates y mezcle bien.

7 Mezcle la guindilla en copos con la crema de cacahuete, la leche de coco y la pasta de tomate.

8 Vierta la salsa por encima de los fideos, agite bien para mezclar y caliéntelo.

9 Distribuya el salteado entre los platos calientes y decórelo con las rodajitas de cebolleta. Sírvalo sin dilación.

VARIACIÓN

Si desea obtener una comida más sustanciosa, añada pollo o buey en rodajas en el paso 5 y saltéelo junto con las judías y los fideos.

Ensalada de fideos y mango

Para 4 personas

INGREDIENTES

- 250 g de fideos al huevo finos
- 2 cucharadas de aceite de cacahuete
- 4 chalotes cortados en rodajas
- 1 guindilla roja, despepitada y cortada en rodajitas
- 2 dientes de ajo chafados
- 1 pimiento rojo, despepitado y cortado en rodajas
- 1 pimiento verde, despepitado y cortado en rodajas
- 1 mango maduro, en tiras delgadas
- 25 g de cacahuetes salados, picados
- 4 cucharadas de crema de cacahuete
- 100 ml de leche de coco
- 1 cucharada de pasta de tomate

1. Ponga los fideos en un cuenco o una fuente honda. Cúbralos con agua hirviendo y déjelos en remojo durante 10 minutos.

2. Caliente un wok grande en seco, vierta el aceite de cacahuete y caliéntelo.

3. Añada los chalotes, el ajo, la guindilla y los pimientos, y saltee durante 2-3 minutos.

4. Escurra los fideos de modo que queden bien secos.

5. Ponga los fideos escurridos junto con el mango en el wok, y caliéntelo durante unos 2 minutos.

6. Distribuya la ensalada entre los platos para servir calientes y espolvoréela con los cacahuetes picados.

7. En un bol, mezcle enérgicamente la crema de cacahuete con la leche de coco y la pasta de tomate, y vierta este aliño sobre los fideos. Sírvalos de inmediato.

SUGERENCIA

Si lo prefiere, puede calentar un poco el aliño de cacahuete antes de verterlo sobre la ensalada.

Índice

Albóndigas de maíz con guindilla *182*
Algas crujientes *28*
arroz *215-232*:
  al coco *218*
  con pollo al estilo chino *222*
  cremoso con cangrejo *232*
  frito con alubias picantes *216*
  frito con cerdo dulce y picante *224*
  frito con huevo, buey y especias *226*
  Risotto chino *230*
  Salteado de arroz con cebolla, pollo y especias *220*
  salteado con salchichón chino *228*
  vegetariano al estilo chino *190*
atún fresco y verduras, Salteado de *130*

Bacalao fresco salteado con mango *132*
berenjenas:
  a la siete especias *24*
  Salteado de *210*
Brécol y col china con salsa de habichuelas negras *196*
buey:
  Arroz frito con huevo, buey y especias *226*
  con cebollitas y azúcar de palma, Salteado de *88*
  con guisantes y salsa de habichuelas negras *92*
  Ensalada picante de buey salteado *84*
  Fideos crujientes con buey al jengibre *238*
  Salteado de bonito, buey y salsa de coco *90*
  Salteado de buey al ajillo con semillas de sésamo y salsa de soja *94*
  Salteado de buey macerado con jerez y tirabeques *86*
  Salteado de buey y verduras, con jerez y salsa de soja *82*

Calabacines rebozados *180*
Calabaza salteada con anacardos y cilantro *200*
calamares:
  fritos crujientes *164*
  salteados con pimiento verde y salsa de habichuelas negras *166*
cangrejo:
  Col china con setas *shiitake* y carne de *152*
  salteadas con guindilla, Pinzas de *150*
  Sopa de coco y *14*
  Sopa de fideos con maíz y *10*
cerdo:
  agridulce *102*
  Albóndigas picantes *100*
  con *mooli* *106*
  crujiente con arroz frito *98*
  doblemente cocido con pimientos *104*
  dulce y picante, Arroz frito con *224*
  salteado con *satay* crujiente *96*
cordero:
  al aroma de ajo *116*
  con salsa de habichuelas negras, Salteado de *110*
  con salsa *satay* *108*
  fideos con *240*
  salteado al curry *114*
  salteado con naranja *120*
  tailandés con hojas de lima *118*
  y cebollinas, Salteado de *112*

Dados de soja con jengibre y verduras *202*

Ensalada china de gambas *38*
Ensalada de fideos y mango *254*
espárragos y pimiento rojo, Rollitos de *184*

Fideos *215, 234-254*:
  agridulces *244*
  al huevo con pollo y salsa de ostras *236*
  con bacalao fresco salteado y mango *248*
  con cordero *240*
  con gambas al estilo de Singapur *242*
  con langostinos y guindilla *246*
  de gambas salteados con judías verdes y salsa de coco *252*
  japoneses con verduras y especias *250*
  salteados con setas al estilo japonés *170*
  y mango, Ensalada de *254*

Gambas y langostinos:
  al estilo de Singapur, Fideos con *242*
  con cacahuete y guindilla *34*
  con jengibre crujiente *146*
  con sal y pimienta *44*
  con salsa de tomate y especias *144*
  con verduras y huevo *148*
  Ensalada china de *38*
  Gambas al coco *140*
  Rollitos de gamba *36*
  Sopa tailandesa picante con *12*
  Tortilla de gambas *142*
  y sésamo, Tostadas con *40*

Hígado:
  de cordero con pimiento verde al jerez *122*
  de pollo con *pak choi* *30*

Judías verdes salteadas con lechuga y salsa de habichuelas negras *178*
Lechuga salteada con mejillones y citronela *154*

Maíz:
  Albóndigas de maíz con guindilla *182*
  Pastelitos de maíz picantes tailandeses *20*
mejillones:
  con espinacas y salsa de habichuelas negras *156*
  Lechuga salteada con mejillones y citronela *154*

Ostras salteadas con tofu, limón y cilantro *162*

Pak choi:
  Algas crujientes *28*
  salteado con cebolla roja y anacardos *174*
Pastelitos de pescado tailandeses *32*
pato:
  con maíz tierno y piña *78*
  hoisin con puerro y col salteada *76*
Pavo salteado con glaseado de arándanos *80*
Pescado frito con coco y albahaca *138*
pollo:
  agridulce con mango *56*
  al aroma de coco, Curry de *54*
  Arroz con pollo al estilo chino *222*
  Chow mien de pollo *234*
  con anacardos y salsa de soja amarilla, Salteado de *68*
  con comino y berenjena, Salteado de *74*
  con comino y pimientos variados, Salteado de *58*
  con fideos, Sopa picante de *8*
  con guindilla y albahaca crujiente, Salteado de *70*
  con limón y semillas de sésamo, Salteado de *60*
  con verduras y salsa de soja amarilla, Salteado de *50*
  Fideos al huevo con *236*
  pimiento y naranja, Salteado de *52*
  salteado al ajillo *72*
  Salteado a la pimienta *64*
  salteado al jengibre *48*
  salteado con miel y brotes de soja *66*
  Salteado de arroz con cebolla, pollo y especias *220*
  tailandés con tomates cereza *62*
Puerro con maíz tierno y salsa de soja amarilla *204*

Rape salteado al jengibre *134*
Rollitos de primavera de verduras *22*

Salmón:
  salteado con piña *128*
  salteado *teriyaki* con puerro dorado *126*
Salteado agridulce de coliflor y cilantro *194*
Salteado de espinacas con setas y miel *188*
Salteado de pescado *136*
Salteado de zanahoria y naranja *186*
setas y champiñones:
  ácida y picante, Sopa de *18*
  Fideos salteados con setas al estilo japonés *170*
  Salteado de espinacas con setas chinas y miel *188*
  Salteado de setas chinas con tofu *198*
Sopa de coco y cangrejo *14*
Sopa de pescado picante *16*
sopas *7-18*

Tofu:
  con salsa de soja, pimiento y cebolla crujiente *176*
  salteado con salsa de cacahuete y guindilla *26*
  Salteado de setas chinas *198*
Tortilla de gambas *142*
Tortilla de langostinos *42*
Trío de pimientos salteados con castañas de agua y ajo *208*

Verduras:
  Arroz vegetariano al estilo chino *190*
  con jerez y salsa de soja, Salteado de *172*
  con salsa *hoisin*, Salteado de *192*
  salteadas con cacahuetes y huevo *212*
  Salteado de *206*
  y huevo, Gambas con *148*
Vieiras:
  Buñuelos de *158*
  con salsa de mantequilla *160*